實戰智慧館 454

逮到底部，大膽進場

學會用 11 個訊號賺股市的大錢

郭 泰 著

實戰智慧館 454

逮到底部，大膽進場
學會用 11 個訊號賺股市的大錢

作　者——郭泰

副 主 編——陳懿文
封面設計——Javick
行銷企劃——盧珮如
出版一部總編輯暨總監——王明雪

發 行 人——王榮文
出版發行——遠流出版事業股份有限公司
　　　　　　地址：104005台北市中山北路一段11號13樓
　　　　　　郵撥：0189456-1
　　　　　　電話：（02）2571-0297　傳真：（02）2571-0197
著作權顧問——蕭雄淋律師

2010年1月1日　初版一刷
2022年8月25日　二版八刷
定價——新台幣 600 元（缺頁或破損的書，請寄回更換）
有著作權‧侵害必究（Printed in Taiwan）
ISBN 978-957-32-8297-6

ylib.com 遠流博識網
http：//www.ylib.com　E-mail：ylib@ylib.com

國家圖書館出版品預行編目（CIP）資料

逮到底部，大膽進場——學會用 11 個訊號賺股市的大錢
／郭泰著．--二版．--臺北市：遠流，2018.06
　　面；　公分．--（實戰智慧館；454）

　ISBN 978-957-32-8297-6（平裝）

　1.股票投資　2.投資技術　3.投資分析

563.53　　　　　　　　　　　　　　　107007335

逮到底部，
大膽進場

學會用11個訊號賺股市的大錢

目
錄

推薦文一　30 年磨一劍的智慧 / 吳壽山　　　　　　　　　10

推薦文二　散戶的實戰操作手冊 / 陳忠慶　　　　　　　　12

推薦文三　懂得多空運用，更要耐心等待 / 黃大塚　　　　18

推薦文四　投資界的清流與活水 / 黃國華　　　　　　　　21

推薦文五　股市投資的百科全書 / 賢哥不錯（林宗賢）　　24

增訂版序　在股市真正能賺到錢的方法　　　　　　　　　28

作 者 序　你可能因為這本書而成為億萬富翁　　　　　　30

前　　言　我如何逮到 3955 點底部區　　　　　　　　　34

第 一 章　賺股市的大錢

1 買賣股票會產生的利潤　　　　　　　　　　　　　40

2 績優股崩盤買進致富法　　　　　　　　　　　　　42

3 暴跌股抄底敲進致富法　　　　　　　　　　　　　44

4 成長股買進長抱致富法　　　　　　　　　　　　　46

5 股市賺大錢的機會都是「等」來的　　　　　　　　48

6 弄清你想賺多少錢　　　　　　　　　　　　　　　50

7 在股市裡賺到大錢的人　　　　　　　　　　　　　52

8 一般散戶為何賺不到大錢　　　　　　　　　　　　54

9 促使股價漲跌的原因　　　　　　　　　　　　　　56

10 抱股會成為鉅富　　　　　　　　　　　　　　　　59

11 不曾在股市虧過錢的兩個人　　　　　　　　　　　61

12 暴利卻違法的內線交易　　　　　　　　　　　　　64

第二章　底部出現的 11 個訊號

13 第 1 個訊號：月 K 線走完艾略特八波段　　68

14 第 2 個訊號：月成交量大幅萎縮　　71

15 第 3 個訊號：融資餘額的跌幅大於大盤的跌幅　　73

16 第 4 個訊號：月 K 線走完八波段後，股價盤整不再破底　　75

17 第 5 個訊號：政府一連串干預動作　　77

18 第 6 個訊號：月 K 線走完八波段後出現月紅 K 線　　80

19 第 7 個訊號：日 K 線完成打底形態　　82

20 第 8 個訊號：月 KD 值跌到 20 以下盤旋，形成黃金交叉　　87

21 第 9 個訊號：利用期指價格發現的功能確認底部區　　90

22 第 10 個訊號：股價超跌，本益比呈現物超所值的倍數　　92

23 第 11 個訊號：股神巴菲特進場買進時　　94

第三章　底部進場買股策略

24 三三三投資法　　98

25 用艾略特八波段概念操作　　100

26 大膽分批買進　　103

27 勇敢攤低成本　　105

28 只進不出，持股抱牢　　107

29 金字塔操作法　　110

30 次低點買進法　　112

31 這樣去買股，永遠不虧錢　　114

第 四 章　比技術分析更重要的買股觀念

32 了解崩盤的可怕　　　　　　　　　　　118

33 80 ／ 20 法則　　　　　　　　　　　　121

34 股市裡投資或投機皆可　　　　　　　　123

35 不要融資買股票　　　　　　　　　　　125

36 別輕易相信分析師的話　　　　　　　　127

37 等待是投資人最需要的特質　　　　　　130

38 人棄我取，人取我棄　　　　　　　　　132

39 逮住多頭行情中的主流股　　　　　　　134

40 尋找多頭行情中的成長股　　　　　　　137

41 一定要設停損　　　　　　　　　　　　139

42 分清楚上漲與反彈、下跌與回檔　　　　142

43 有時必須退出觀望　　　　　　　　　　145

第 五 章　你必須知道的技術分析

44 道氏股價理論　　　　　　　　　　　　148

45 艾略特波浪理論　　　　　　　　　　　150

46 趨勢線理論　　　　　　　　　　　　　152

47 扇形理論　　　　　　　　　　　　　　155

48 移動平均線理論　　　　　　　　　　　157

49 費波南希數列　　　　　　　　　　　　160

50 黃金切割率理論　　　　　　　　　　　163

51 缺口理論　　　　　　　　　　　　　　165

52 股票箱理論   169

53 股票箱內來回操作   171

第 六 章　你必須知道的基本分析

54 經濟景氣與股價   174

55 利率與股價   176

56 資金與股價   178

57 依自己的性格去挑選股票   181

58 選擇你最熟悉的產業與公司   184

59 選股之前先選經營者   186

60 分析財務報表了解該公司   188

61 搭上軋空的轎   192

62 留意增資行情   194

63 股價不是漲過頭就是跌過頭   197

第 七 章　量價關係研究

64 量價配合與量價背離   202

65 多頭行情時成交量的特徵   204

66 空頭行情時成交量的特徵   207

67 從成交量看出已經打底成功   209

68 頭肩底與頭肩頂成交量的特徵   212

69 量價的 10 個經驗法則   215

第 八 章　認識 10 個股票的經典理論

70 群眾理論　218

71 搏傻理論　220

72 醉步理論　222

73 隨機漫步理論　224

74 尾盤理論　227

75 趨勢理論　229

76 長期友好理論　231

77 反射理論　233

78 雞尾酒會理論　236

79 擦鞋童理論　238

第 九 章　頭部出現的 10 個訊號

80 成交量暴增　242

81 月 K 線走完艾略特的前面五個波段　245

82 最大量月 K 線的低點被跌破　248

83 月 KD 在 80 附近形成死亡交叉　250

84 5 月 RSI 呈現背離　253

85 M1b 與 M2 形成死亡交叉　256

86 股價跌破上升趨勢線　258

87 政府一連串干預動作　260

88 日 K 線形成做頭形態　261

89 其他頭部會出現的現象　266

第 十 章　**頭部出場賣股策略**

　　90　留一點給別人賺　　　　　　　　　　270

　　91　利多消息出現時賣出　　　　　　　　273

　　92　毅然決然分批賣出　　　　　　　　　275

　　93　倒金字塔愈賣愈多　　　　　　　　　277

　　94　次高點賣出法　　　　　　　　　　　279

第 十 一 章　**必須學會放空**

　　95　反手放空　　　　　　　　　　　　　284

　　96　不做空會浪費時間成本　　　　　　　286

　　97　模擬放空的實際過程　　　　　　　　288

　　98　放空操作難度大於做多　　　　　　　290

　　99　放空者必須當心被軋的風險　　　　　292

　　100　放空是一門大學問　　　　　　　　294

跋　　定價 600 元的廉價書　　　　　　　　297

附　錄　　　　　　　　　　　　　　　　　299

推薦文一

30 年磨一劍的智慧

吳壽山｜國立臺灣師範大學管理學院講座教授

　　郭泰先生旅居加拿大多年，但對台股一直保持密切觀察，也靠著買賣台股過著低調卻舒適、人人稱羨的退休生活。總結他的投資哲學，可以這樣說，他以「懂得等待」的獨門心法，戰勝了一般投資人常見的恐懼與貪婪這兩大天敵，並同時戰勝了股市這個變化多端、難以捉摸的巨獸。

　　郭泰先生在本書中將他「懂得等待」的獨門心法，以有方法、有步驟、有理論基礎的方式，一步一步、深入淺出地完整分享出來。如果投資人可以從中領悟，並學會「等待」的關鍵技巧，據說一定能在股市中賺到大錢，而這正是適時投資，也是投資理論較難有一致結論的課題。

　　本書於 2010 年初版時，我曾建議讀者以讀故事、要心平氣和、重視心理變化及愉悅的心情來閱讀本書，用心會意作者如何把「懂得等待」納入投資心法。隔了 9 年，郭泰先生又細心體會了一個股市循環，30 年來研究股市的 11 個訊號讓他再度以散戶的心情，依長期忍耐、等待及努力的哲學，在 2008 年 11 月「逮到底部」，而且分兩段「大膽進場」，買進又充分放空，

這樣的經驗讓他決定修訂本書。

在本次的增修中，作者以此心情納入放空的情境分析，依 30 年磨一劍的投入，繪成十一章共百節的投資地圖，而有關投資放空的各個章節更補述了時間成本概念，將學術上有關不放空會讓時間消逝而自然損失的莫可奈何點了出來，更讓放空隨著時間與正負報酬的顯現，成為可以抉擇的投資機會。郭泰先生巧妙論述出「投資時機」是可成為「可交易標的」的，深入淺出地道出人生投資的核心。

再閱本書增修版時，我提出幾個賞析的角度，或有助於讀者體會郭泰先生對於證券投資的 30 年心得：

一、郭泰善用分段的體會，第一段五訊號，第二段六訊號，共十一訊號分段保守進場。

二、郭泰喜用散戶的心情，把耐心等待納入各節時點，點出檢討及反省的方向，並果敢判斷。

三、郭泰用十一章百節述說情境，這一百個投資小地圖環環相扣，可串成各種可買賣交易的型態。

四、郭泰用自己的心路歷程回饋社會，期勉投資人要有慧根，心要善良、要努力，這也是社會責任的典範。

再閱本版，何妨用賞析的角度，體驗股市投資與投資人生的核心，或許可以有等同取價且值得膜拜的回響，謹為再序。

推薦文二

散戶的實戰操作手冊

陳忠慶｜前群益投信總經理、中國多家基金公司顧問

我曾應邀參加一個餐會，席開三桌。我到場後才知道，與會者一個個都是舉足輕重的資金操盤手，包括曾任或現任的投信基金經理人、券商自營部操盤手、金融機構或上市公司自有資金投資操盤手等等，他們所經管的資金加起來恐怕要以千億元台幣計數。

當天的聚會形式是先吃飯，再參加一個由某上市公司總經理主持的專題座談，而這群投資專業人士都是剛成立的「投資經理人協會」的會員，相較於個別去拜訪上市公司，這種獲取上市公司資訊做為投資操作參考的方式還挺有效益的。

我覺得有趣的是，大夥兒還在吃飯時，他們就會要這個人做明年總經（總體經濟，指整體的經濟情勢與景氣）的分析與預測，要那個人談類股（各種行業的股票）強弱勢，當然，還有明年的股市走勢；仍擺脫不了原本的職業習性。

沒錯，這就是專業投資經理人的職業習性，無時無刻都沉浸於隨時可能有變的總經、類股與個股之中，對他們來說，有所本並掌握最新的情勢，才能做比較正確的投資操作，這幾乎

是「基本動作」。

其實，不只個別的經理人重視這些基本動作，以投信為例，這個以發行基金、管理基金，賺取管理費的行業在管理投資人所託付的資金時也有一定的基本管理程序和規範。以我曾經工作過的一家投信為例，我們的投資研究部門除了助理外一概需有碩士以上的學歷。研究員要拜訪上市上櫃公司、研讀有關的研究報告、財務報表，自己撰寫研究報告，找出值得投資的股票，提出推薦股名單。

我們的基金經理人除了在交易所交易時間內要看盤、進行必要的買股賣股操作外，下午時間經常也要拜訪上市櫃公司，印證自己操作的正確性。

另外，投研部每日要召開晨會，掌握即時的財經情勢、產業動態、政府政策動向等對當日股市、各行業及相關的個股會有何影響，各基金經理人當日操作該注意什麼等，以確保操作正確、減少誤失。

每週要開週會，每月要開月會。其中月會屬選股會議性質，主要是彙集研究員、經理人所推薦的股票，成為一個「股票池」（stock pool），在開會時增添或去除若干股票，確立最新的「可能投資標的」，讓各基金經理人作為投資選擇。

通常基金經理人會根據自己所管基金的性質及投資策略與規範在池中挑選合適的個股，根據所建議的買賣價格，適時在市場中買進或賣出。

以上只是投信投研部門例常運作的一個大概，細節當然十分繁瑣，但不用細表也可以讓圈外人知道，投資股票可以這麼

專業地操作，而且有那個多人力、資源投入。

　　投信已是台灣股市的主要法人參與者，往往對行情能產生舉足輕重的影響，和一般散戶很不一樣的是，它們都是有組織、有紀律而且買賣皆有所本。

　　請注意，它們是一個行業；而對操盤的基金經理人而言，買賣股票是他們的工作，操盤是職業。相對的，歷來有八成以上會賠錢的散戶只能算是業餘的烏合之眾。業餘如何在市場中打贏職業的呢？

　　以本書初版（2010 年）時的市場行情為例，根據「理柏基金評級」（Lipper Leaders）的統計，至 2009 年 11 月 25 日，台灣加權股價指數一年來的漲幅是 81.57％，列入評級的 128 檔台灣基金年平均漲幅為 73.94％，但其中有不少是漲幅超過 100％的基金（最高達 128.40％）。這表示如果願意選擇由職業操盤人擔綱的基金投資，也可以輕鬆賺到不少錢。

　　只是，有人可能會說，萬一選錯基金呢？的確，職業經理人不是個個績效了得，在理柏的評級中，同期間也有基金的績效只達 30.33％呢！

　　如果還是決定自己來，就該把前述的法人職業操作模式當作一回事，放在心裡，並尋求有效的股票投資原則與方法，來提升自己的能力，以減少失誤，增加勝算。

　　而所謂決定自己來，是指不追隨投顧老師，不參加股友社，靠自己去學習一些股票投資基本知識與技術，紮紮實實的做功課，持之以恆注意市場動態、行情走勢，適時低買高賣，逐漸達到賺多賠少，成為贏家。

有人可能又會說，既然是散戶，本來就不能像投信那樣有人有資源，怎麼可能擊敗職業級的專業經理人在市場中求勝呢？

　　身為「職業軍團」的一員，我想提供一個重要觀念給眾多散戶參考。請記得，投資的目的是為了獲利賺錢，不是為了擊敗誰。基金經理人在行業內會被迫去比績效，作為散戶只需考慮有沒有賺到錢。基金賺基金的，我們賺我們的，沒有誰擊敗誰的問題。

　　散戶該在意的是自己有沒有能耐與本事投身市場去拚搏，如何具備這些能耐與本事？我覺得我的老朋友郭泰可以提供這方面的幫助。

　　郭泰兄在股市中打滾超過 30 年，從股市菜鳥屢遭套牢到現在已是股市老手與高手。這些年來，他將自己在市場中的實踐經驗與累積下來的正確觀念、有效原則與實用方法陸續寫成專書，從《股市實戰 100 問》到《股票操作 100 訣》，如今又推出最新力作《逮到底部，大膽進場》，可說是最實用的散戶投資股票實戰操作手冊。

　　包括股票投資在內，投資獲利的不二法則就是低買高賣，所以投資股票的致勝之道就是在市場行情底部出現時進場，頭部出現時出場，賺取最大的獲利。本書提供 11 個訊號讓我們去觀察底部是否出現，並進一步告訴大家買股的相關策略。

　　頭部出現也有 10 個訊號可供觀察，出場時也要講究策略，作者也都根據自己的實戰經驗詳述。另外，作為一本實用的投資操作指引，作者特別提出十個重要的買股觀念，並告訴我們

那些專業經理人已經「內化」了的技術分析與基本分析等原理原則與方法。

在實際操作時，不能不注意的價量關係變化與所透露的訊息，本書也有詳細解說，並歸納為實用的法則，對掌握行情、考慮進出，很有幫助。

除了策略與技能外，郭泰兄也在書中介紹了十個股票投資的經典理論，我認為這些理論對投資人的「投資修養」很有幫助。投資股票也要有修養？我在基金行業中打滾超過 27 年，台美大陸業界均曾涉入，我們圈內人都同意，大凡一個成功的基金經理人除了基本的股票投資技術與策略必須具備外，往往還有他自己的獨特眼光與洞見，自己的投資理念、風格甚至投資哲學，這些已超出技術層級進入到修養層級，但對投資成效又能發揮極大的作用。我認為本書提供的十個經典理論，正有提升這類修養的潛移默化作用，值得細細品味。

和他的前兩本股票投資專書一樣，郭泰的這本作品也是難得一見的實用工具書，也就是說，本書不是只談概念，而是可以實際利用書中所提供的觀念、原則與方法去研判行情、掌握進出場時機，並適時買賣賺取獲利。

我自己很喜歡他寫得相當精采的前言，文中告訴我們他如何利用各種訊號逮到最近這波多頭行情的底部，活脫就是本書所談有關原則與方法的實際演練，並證實了它們的實用效果，讓我們知道研判、掌握行情是可以辦到的。

從這篇前言也可以知道，郭泰投資股票不做短線，而是持之以恆有耐心的注意行情的變化，運用書中所提的相關方法去

研判市場走勢，在該出手時絕不遲疑，真正做到低買高賣。

　　這是他下了 30 年功夫的成果，算是十分不易的修練，如今他把多年的心血結晶透過本書與眾多散戶分享，讀者只需照本操課，有耐心，願意等，下功夫做功課，必定也能擺脫散戶多賠的宿命，做個「快樂的投資人」。

懂得多空運用，更要耐心等待

黃大塚 | 交易實戰家

　　筆者在金融服務的這幾年間，接觸過的投資人超過 3,000 名，舉辦過大大小小的講座也超過 300 場，經營部落格「黃大塚投資日記」、FB 粉絲專頁「黃大塚（我是塚哥）」頁至今也有五、六年的時間。每次受邀到各大投資講座演講時，台下的投資人總是透露出一種對金融交易市場既期待又怕受傷害的眼神，偶爾也會收到投資人來信，信中八九不離十都是想問：交易成功之道的祕訣究竟是什麼？

　　曾經有一位投機客在金融交易市場上試了很多種交易方法，從艾略特波浪、費波南希數列等技術分析，到追隨巴菲特、葛拉漢等價值投資方法，進入股市面對交易時依舊是虧損收場。一聽說有位大師能完美回答投資人提出的任何問題，這位投機客攀山涉水，不惜耗盡一生財富，只為了找到交易真理。總算在長達半年的旅程後，他在深山遇到這名大師。

　　「大師，我多年來一直渴望找到交易的必勝之道，請問您能告訴我是什麼嗎？」投機客迫不及待想得到投資真理。

　　「BLASH。」大師說畢就消失在深山中，只留下滿臉問號的

投機者。

原來大師口中的「Buy low and sell high」，正是最基本的買低賣高、最簡單的方向性交易。當投資人都在追逐價格、追求投資聖盃時，有誰能真正耐住性子、等待機會呢？

2008 年發生金融海嘯，2009 年是筆者進入股市的第一年，這一年改變了我的一生。有了那一年的財富累積與操作經驗，比起其他投資人來說，相對輕鬆許多。若景氣為 10 年一個循環，股市多頭與空頭的交換防守也差不多為 10 年一個週期，假設一個人的一生扣掉學生時代與退休生活，最為活躍的時間有 30 年左右，那至少會遇到三次多頭與空頭的股市循環，只要能扎扎實實地把握到其中一次，這正是《逮到底部，大膽進場》這本書中提到散戶要賺大錢的機會。

金融交易市場的贏家，沒有一個是誤打誤撞靠運氣成功的，不但要花時間研究市場、研發策略、找出適合自己的方法，還要嚴格執行紀律，最後才能在時間的漫長等待下，有機會成為市場的常勝軍。作者郭泰在《逮住底部，大膽進場》這本書中，將他多年來的股市心得及觀察市場的做法，做了很好的整理及詳細的說明，讓讀者明白操作股市除了技術之外，最重要的就是時間與耐心。

因為，好投資都是等出來的，剩餘時間就是準備、準備再準備。全新增訂版也特別提到耐心、等待及努力，並強調做空的重要。一、二十年前的台灣金融交易市場少有做空工具，現今已有許多金融衍生性商品，有期貨、選擇權還有反向的 ETF 可供使用，投資人在操作上要懂得多空運用，還要有更多耐心

等待。

因此，建議讀者用心看完本書，配合書中提出的 11 個底部訊號與 10 個頭部訊號，剩下的時間就是努力工作提升自我價值，最後等待一個機會！一個 BLASH 改變人生的機會。

推薦文四

投資界的清流與活水

黃國華 | 財經書暢銷作家

通常我不替台灣的財經作家寫推薦文，因為近幾年來有許多本國的財經作家不是淪為收會員的投顧老師，不然就是利用自己的名氣去賺取檯面下的不當利益。所以我替本國財經作家所寫的推薦文都會非常小心，能夠推辭的就盡量推掉。

不過，當遠流出版社的編輯拿這本《逮到底部，大膽進場》的書稿給我時，我一看到作者是郭泰的時候，便義不容辭的忝為這本書寫推薦文。或許現在許多六、七年級生的年輕人不是十分了解郭泰先生。然而郭泰先生從前所創作之一系列具有實戰又有深度的作品，每本都是當年我們五年級生奉為圭臬的財經與企管書籍。最有名的是以王永慶以及台塑為素材寫了許多企管實務書籍，例如《王永慶奮鬥史》、《王永慶給年輕人的 8堂課》、《王永慶的管理鐵槌》、《王永慶的人生智慧》等書，這些書在當年的大學商學院可說是人手一本，因為郭泰先生是第一位用兼具理論與實務、學理與通俗的觀點去評析企業，大大迥異於學院式又枯燥的管理學課本。

更讓我孜孜不倦的是他投資實務書籍，如《台股指數期貨100 問》、《股市實戰 100 問》、《外匯入門 100 問》、《股票操

作 100 訣》，難能可貴的是，郭泰先生在當年的投資理財界當中，不會像流於江湖術士之收會員的作家的難登大雅之堂，更迥異於那些充滿投顧老師耍江湖嘴皮子的自吹自擂，也沒有所謂投資大師造神文章的不知所云，郭泰先生在當年稱得上是投資理財界的一股清流，他的著作當中的許多觀點稱得上是我在投資領域中的啟蒙老師，至今仍然感謝他當年為許多年輕學子寫出一系列大家都看得懂的投資理財書籍。

　　在幾十年後的今天，很幸運地又可以讀到郭泰先生撰寫的新書，這本書把投資相關的知識與論點分成十一大章，每個章節的內容與結構，乍看之下都是許多投資人耳熟能詳的一些議題與論點，然而重要的是，越是老生常談的基本觀念越容易被投資大眾所忽略甚至遺忘。當我們在熱絡的行情中追求投資的獲利聖杯的同時，更是要經常地反覆複習這些投資的基本功夫，用蹲馬步的方式練得更加扎實，來面對多變的市場。

　　在本書的十一大篇章當中，沒有很深奧的投資或交易理論，也沒有會讓讀者忘而怯步的財務數字；更沒有那種江湖術士常用的奇怪線型。郭先生深入淺出的投資論點可以讓投資老手重新整理投資的邏輯與架構，更可以讓投資的新手門外漢建立一個完整與易懂的投資心法；這更是一本隨時放在你的電腦螢幕旁或是你的書桌上面，讓你看盤或是投資研究之餘，可以隨時翻閱的實務參考書。

　　在現在多空交戰愈來愈激烈的投資時代，我們看到過去幾年多來，2008 年在短短 5 個月內台灣加權指數可以大跌 5000

點，到了 2009 年又在短短 5 個月狂漲了 3000 多點，在這樣狂
飆式的行情下，與其到處求明牌聽消息，不如來閱讀郭泰先生
幫我們所提示的理財基本觀念，方是在愈來愈混亂投資世界裡
面的活水。

股市投資的百科全書

賢哥不錯（林宗賢）｜談股論經部落格版主

2001 年台股上市公司的總市值 6.5 兆，到 2018 年來到 33 兆，上市公司的總市值約增長五倍。房地產方面，全國的房價所得比由四倍增長到九倍（約增長 2.5 倍）。然而，同期間受僱者的實質薪資卻呈現微幅的衰退。由此可見，薪資增幅不足以支應物價上漲，投資股市或房地產，則可能累積巨大的財富。然而，動輒上千萬的房地產必須採取高度槓桿，非一般上班族所能負擔。相較之下，股市投資門檻較低，是普羅大眾對抗通膨、進而尋求致富的最佳工具之一。

安德烈·科斯托蘭尼（André Kostolany）在《一個投機者的告白》（*Die Kunst über Geld nachzudenken*）一書中曾提到：「根據我的經驗，有三種迅速致富的方法：第一，帶來財富的婚姻；第二，幸運的商業點子；第三，投機。」前兩種方法靠的是機運與天分，不完全操之在己，科斯托蘭尼自己則屬於第三種，具有長遠眼光的戰略家。他曾兩次在股市中慘賠再爬起來，絕大多數人可沒他這樣幸運，幾乎慘賠一次就出局。差別在於，科斯托蘭尼運用敏銳的觀察力與思辨力，理解資本市場的本質，在長達 80 年的時間進行各樣的股票、債券、貨幣、期貨等商品

投資，淬煉出寶貴經驗與卓越智慧。

　　本書《逮到底部，大膽進場》是郭泰先生苦心孤詣鑽研台股 30 年的心血結晶，並在 2008 年金融海嘯的恐慌氛圍下，得到驗證的機會。從總經分析到技術分析，找出了台股 10 個底部區訊號（修訂版增為 11 個），逐一驗證，大膽地在多數投資人最悲觀的時機，分批買進股票，輕鬆從台股賺取數倍的獲利。從理論研究到實戰經驗，郭泰先生將自己的真知灼見，以深入淺出的筆觸，為其寫作生涯留下經典的代表作，立言成書，實為茫茫股海的指引明燈。

　　一般投資人在股市崩跌的過程中總是產生絕望的情緒，面對帳上虧損持續擴大，巴不得把手中的持股出清。有誰能在最絕望的股市深淵看見最美的行情？

　　其一是信奉價值投資法的股東，他們專精產業的分析、企業護城河的研究，並從個別公司的財務數據去衡量公司的內在價值，當股價低於價值時勇於買進。

　　另一種則是相信股市總會有循環，依據總體經濟數據，包括貨幣供給、利率變化、通膨數據等等，以及長時間尺度的技術分析，用以判斷股市的多空循環。逮到底部，在多頭時做多；逮到頭部，在空頭時做空。

　　2015 年 5 月，筆者利用本書（初版）所提頭部出現的 10 個訊號驗證，幸運地躲過台股 2000 多點的下殺。仔細分析台股的月線圖，當 5 月 RSI 及月 KD（9,3）同時出現高檔背離，在台股過去 32 年（1986 年到 2017 年）的歷史僅發生四次，要不是

發生在每個循環的第五波，就是發生在萬點之上。第一次在 1989 年（第一循環第五波）加權指數從 12682 跌到 2485，第二次在 1997 年（第二循環第五波）加權指數從 10256 跌到 5422，第三次在 2007 年（第三循環第五波）加權指數從 9859 跌到 3955，第四次在 2015 年（第四循環第三波）加權指數從 10014 跌到 7203。當下次股市的空頭再度降臨，如果能利用本書闡述頭部出現的 10 個訊號，而躲過大盤的空頭洗禮，投資人在股市當中已先立於不敗之地。

筆者以此書的立論為核心基礎，建構出以下的投資策略：

一、逮到底部，大膽進場（資金控管）

當發生系統性風險之後，市場瀰漫恐慌的氣氛，請冷靜地拿出本書底部出現的 11 個訊號逐一檢驗，輕鬆地逮到底部，大膽地進場買股。在多頭期間（第一波到第五波做頭前），採取高持股水位的策略，全力做多，持股比重超過八成，直到第五波的頭部出現。（參閱本書第二章的第 13 至 23 節）

二、用合理的股價，買一流的公司（選股邏輯）

在多頭期間，透過產業分析與公司的財務分析，尋找一流的穩健成長企業，耐心地等待，在合理的股價時買進。（參閱本書第 39 節及第 40 節）

三、汰弱留強，擇優加碼（操作策略）

依公司基本面變化執行汰弱留強的投資策略，以金字塔操作法加碼成長又便宜的好公司，以高持股部位來提高總資產報酬率。（參閱本書第 29 節及第 4 節）

四、抱牢好公司的股票，耐心等待好消息（抱股心法）

散戶能在股市中能賺大錢，大多是來自抓住企業的成長趨勢，而非股價波動的價差或頻繁的交易進出。一旦掌握公司的成長趨勢、抱牢持股，投資人必須忘卻股價的起伏，也必須抵擋價差的誘惑，專注在企業未來的發展，這是一種修心、也是一種修行的過程，只有親身體驗才能體會這艱辛又甜美的滋味。一般投資人必須用時間來累積財富，才能賺到了財富，也賺到健康，（參閱本書第 5 節、第 7 節及第 10 節）

五、一旦頭部形成，降低持股比重（避開空頭）

　　在股市邪惡第五波的狂歡派對中，千萬保持冷靜，不要去預測高點，而是耐心等待頭部的形成，也就是郭泰先生所說的「讓頭自己摸頭」。並以本書所列頭部出現的 10 個訊號判斷，當第五波的頭部確立，先賣出獲利成長力趨緩或毛利率下滑的公司，逐次降低持股比重至三成以下，以避開系統性風險。（參閱本書第九章的第 80 至 89 節）

　　《逮到底部，大膽進場》一書不僅明確列出台股的底部與頭部特徵，同時清楚闡述底部的買進策略、資金控管、抱股心法、停損機制，並介紹 10 種經典投資理論，面向涵蓋基本面、技術面與量價關係，就像一本股市投資的百科全書。細細咀嚼品味饒富樂趣，親自驗證理論產生信念，筆者受益良多，增訂版付梓，相信也能帶給讀者一場豐富且精彩的理財饗宴。

在股市真正能賺到錢的方法

　　在溫哥華，有一位念財經的 MBA 想跟我學炒股（就是買賣股票），我見她有慧根、心善良、又肯努力，就收她為徒，並送她幾句話：

你很用功，他日必有大成。
擇一事，終一生。
10 年磨一劍，必有小成，值得尊敬；
20 年磨一劍，必有中成，值得叩首；
30 年磨一劍，必有大成，值得膜拜。

　　不瞞各位，我從 1988 年開始，四處拜師學藝，至今整整磨了 30 年的劍，從最早的《股市實戰 100 問》、《股票操作 100 訣》，到中期的《台股指數期貨 100 問》、《外匯入門 100 問》，到後期的《逮到底部，大膽進場》、《看準位置，只賺不賠》，見證了自己在股市掙扎 30 年，從生澀、莽撞、成長、茁壯到圓熟的心路歷程。

　　此時此刻，勉強忝列為初段高手，希望有生之年，在信主之後，虔心研讀《聖經》的啟示之下（如同神對江恩〔William

D. Gann ）的啟示），能晉升為中段高手（參見第 7 節〈在股市裡賺到大錢的人〉）。

此次主要增補了兩個重點：

一、探討散戶在股市真正能賺到大錢的方法（參見第一章），而且經由長期的忍耐、等待以及努力，這些方法實實在在能帶人發家致富。讓讀者真正感受到：的確是一本定價 600 元的廉價書。

二、除了做多，也要會放空。

股市就是多空的循環，與四季的循環一模一樣。就是不做空，也得知道多之後必有空，空之後多必定再來，周而復始，循環不已。

然而放空是一門大學問，千萬大意不得，必須等待 B 波高點被確立後，才能去大膽放空。

增補之後，希望拙作能逐漸被經典化，成為造福散戶的長銷書。

郭泰

2018 年 2 月於北溫軍人區

你可能因為這本書
而成為億萬富翁

我觀察過身邊有做股票投資的朋友，他們有一個特性，總是喜歡搶短線，跟著消息面或名嘴老師殺進殺出。慘被套牢就姑且不說，那些沒被套牢的人卻發現，忙了一陣子之後，總結下來，總是有輸有贏，戶頭裡的數字好像也差不多。我認為這樣的投資行為很像在「瞎忙」，像是一種殺時間的消遣，而不是認真想利用買賣股票這個工具來創造巨額財富。

其實，靠買賣股票成為億萬富翁，聽起來格外聳動，卻很有可能實現，且聽我細說分明。

從 1987 年 1 月到 2018 年 1 月的 31 年間，台股一共出現了四個底部區，投資人倘若能每次買在底部區，賣在頭部區，從 1987 年 1 月拿 20 萬元投入台股，31 年來已經成為億萬富翁了。

說得更詳細些，投資人拿 20 萬元進場買股，第一次買在 1987 年 1 月的 1039 點附近的底部區，賣在 1990 年 2 月的 12682 點附近的頭部區；第二次買在 1990 年 10 月的 2485 點附近的底部區，賣在 1997 年 2 月的 10256 點附近的頭部區；第三次買在 2001 年 9 月的 3411 點附近的底部區，賣在 2007 年 10 月的 9859 點附近的頭部區；第四次買在 2008 年 11 月的 3955

點附近的底部區，一直抱到 2018 年 1 月 11270 點附近。

因為每次在底部區買進，然後在頭部區賣出的平均投資報酬率大約為五倍，所以第一次的 20 萬會變成 100 萬，第二次的 100 萬會變成 500 萬，第三次的 500 萬會變成 2,500 萬，第四次的 2,500 萬會變成 1 億 2,500 萬，這不就成了名符其實的億萬富翁嗎？

事實上，從 20 萬增值到億萬不可能如上述所說那麼順利，在「買在底部區、賣在頭部區」的四次循環過程中，有下列六個難關每次都必須以無比的耐心與毅力逐一克服。

第一個難關是，必須逮到每次的底部區。

底部區通常都是投資人最害怕之處，必須要出現本書第二章所說的 11 個訊號，這時底部區才能被確認。坦白說，假如沒有上述明顯的 11 個訊號，要逮到底部區，還真不容易。（參閱本書第二章）

第二個難題是，必須逮到每次的主流股。

除了逮到底部區之外，還必須逮到每一波的主流股，否則其投資報酬率就達不到前述的五倍。就以 3411 點到 9859 點這一波為例，主流股的橡膠、水泥、觀光等類股的漲幅均達七倍左右，而非主流的電子與金融卻只有 2.6 倍左右。（參閱本書第39 節）

第三個難關是，必須大膽分批買進。

即使底部區被確認了，也逮到了主流股，市場裡面充斥的利空消息會使投資人裹足不前，要克服這種恐懼的心理，最好的方法就是分批買進。（參閱本書第 26 節）

第四個難關是，抱牢持股。

底部區被確認之後，逮到主流股大膽分批買進，緊接著必須什麼都不做，只是抱牢持股，一直要到頭部區被確認之後，才果斷地分批出清持股。我認為這是最難度過的一關，大部分的投資人經不起股價上漲的刺激（恐懼與貪婪的心理），往往只要漲一小段就輕易出脫，其結果只賺到蠅頭小利，賺不到波段的大錢。（參閱本書第 28 節）

第五個難關是，必須逮到頭部區。

台股每次的循環，僅僅逮到底部區還是不夠，也必須逮到頭部區。前者用來買股；後者用來賣股。頭部區通常是投資人全面看好的地方，然而只要出現本書第九章所說的 10 個訊號，頭部區立刻被確認。（參閱本書第九章）

第六個難關是，頭部區一旦被確認，就必須果斷地分批出清持股。

這時股市一片榮景，投資人全面看好，必定捨不得賣出。其實只要出現頭部區的 10 個訊號，投資人應趁利多消息發佈時，賣出持股（參閱本書第 91 節）；亦應運用倒金字塔操作法，愈賣愈多出清持股。（參閱本書第 93 節）

台股目前正處在第四個循環的八波段中第五波高點的位置。

根據歷史經驗法則，2018 年 1 月至 2049 年 1 月的 31 年間，還會出現另外三個底部區。雖然我無法預估它們出現的時間點（這與景氣強弱有關），可是根據「道氏股價理論」與「艾略特波浪理論」，我知道這三個底部區一定會出現。

對於目前是 20 歲的人，在 51 歲之前，你會有三次買股致

富的機會；對目前是 30 歲的人，在 61 歲之前，你也有三次買股致富的機會；對目前是 40 歲的人，在 71 歲之前，你仍有三次買股致富的機會。

如果你逮住了未來的這三個底部區，並拿 80 萬進場買股，31 年後（即到了 2049 年）你仍有機會成為億萬富翁。

道理很簡單，因為每次從「底部區買進、頭部區賣出」的平均投資報酬率至少有五倍，所以第一次的 80 萬會變成 400 萬，第二次的 400 萬會變成 2,000 萬，第三次的 2,000 萬會變成一億元，這也是如假包換的億萬富翁。

對於手頭上有 80 萬閒錢準備投資股票的人，倘若你曾經錯失了 3955 點附近買進的機會，這時加權股價指數來到 11270 點，目前你只能耐心等待第四個循環八個波段走完，底部區再度浮現之後才出手。（參閱本書第 13、16、18、25、45 等節）

總而言之，你要好好讀懂讀通本書，並且備妥 80 萬，在底部區出現時大膽進場，到 2049 年時，你很有可能成為億萬富翁。

郭泰

2018 年 2 月於豐原半張

我如何逮到 3955 點底部區

到2009 年 4 月 21 日為止，台股大盤加權指數最高已經來到 6071 點，目前回頭去看 5 個月前 2008 年 11 月 21 日的 3955 點，那裡當然是此波殺下來的最低點。

每次大盤的最低點都是事後才看得出來，事前除了上帝之外無人知道。然而，此波大約在 4000 點至 4500 點區間盤整四個多月的底部區卻有方法可以研判出來。

首先，要先去看台股完整的八波段是否已經走完（參閱本書第 13 節），這得從月 K 線去觀察。台股從 2001 年 9 月的 3411 點起漲，一直到 2008 年 10 月的低點 4110 點為止，很明顯地已經走完艾略特波浪理論所說的八個波段，這時我內心有譜，大盤的底部區應該就在附近了，但我仍不敢百分百確定，我需要其他的訊號來佐證。

其他佐證訊號之一是，大盤的月成交量有沒有大幅萎縮（參閱本書第 14 節）。

台股從 2007 年 10 月高點 9859 點，很明顯走 A、B、C 三波往下殺，殺到 2008 年 10 月的 4110 點，月成交量已經從 2007 年 7 月的 5 兆 316 億萎縮至 2008 年 10 月的 1 兆 2,769 億，縮幅

達 75％；隔月 2008 年 11 月的成交量 1 兆 1,395 億，縮幅達
77％；再隔兩個月，2009 年 1 月的成交量 8,630 億，縮幅高達
83％。

　　從台股歷史經驗可知，台股 1990 年 10 月 2485 點低點的月
成交量縮幅達 87％，台股 2001 年 9 月 3411 點低點的月成交量
縮幅達 86％。此次縮幅已達 83％，嗯！這應該是差不多了。

　　其他佐證訊號之二是，融資餘額的跌幅有沒有大於大盤的
跌幅（參閱本書第 15 節）。

　　每次的歷史經驗告訴我，融資餘額一定要殺的乾乾淨淨，
換言之，融資餘額的跌幅一定要大於大盤跌幅，底部才會浮現。

　　大盤加權值數指數從 9859 跌到 4110 點，跌幅為 58.3％；
而融資餘額是從 2007 年 10 月 31 日的 4,144 億大減到 2008 年
10 月 28 日的 1,423 億，跌幅為 65.7％。很明顯地，融資餘額的
跌幅大於大盤的跌幅。哈！這又是底部區的訊號。

　　其他佐證訊號之三是，大盤的股價指數是否沒再破底（創
新低）形成盤整（參閱本書第 16 節）。

　　台股大盤股價指數從 9859 點下殺到 2008 年 10 月 28 日的
低點 4110 點，雖然不到一個月就被跌破，並於 2008 年 11 月 21
日跌到新低點 3955 點，然而此後不論出現什麼利空，此點就是
不被跌破，而股價在此橫向整理了三個多月。

　　其他佐證訊號之四是，政府是否出現一連串明顯做多的動
作（參閱本書第 17 節）。

　　政府每次在股市崩盤之後的底部區，必定有三個做多的干
預行為，一是護盤，二是降息，三是禁止放空。

　　台灣政府大約是在大盤指數跌到 5500 點左右，由國安基金

進場護盤；中央銀行在 2008 年 9 月股市大跌就開始降息，連續七次降息，一直到 2009 年 3 月股市回升才中止；金管會從 2008 年 10 月 1 日開始宣布全面禁止放空，一直到同年 11 月 28 日才解除禁令。

當大盤出現上述的五個訊號之後，我研判有六成把握此處是底部區，於是開始挑選若干股票分批逢低買進（參閱本書第 26 至 29 節）。基於資金控管的原則，此處我大約投入四成資金。

為什麼我沒有全數投入呢？我認為僅僅有上述五個訊號仍然不夠，我在等待下列六個確認的訊號。

第一個確認訊號是，月 K 線走完八波段之後是否出現了一根月紅 K 線（參閱本書第 18 節）。

此次大盤在 2008 年 11 月殺到最低點 3955 點的隔月，即 2008 年 12 月就出現了一支上漲 130 點的月紅 K 線。

為何連續三個月的長黑 K 線之後，會出現一個月紅 K 線呢？那是因為有人（大股東、法人、主力、長線投資人等）在此逢低承接所造成的。此月紅 K 線為重要確認訊號。

第二個確認訊號是，扇形理論中的三條下降趨勢線是否有效被突破（參閱本書第 47 節）。

從附錄的附圖 17 可知，第一條下降趨勢線於 2008 年 11 月 3 日被突破，第二條下降趨勢線於 2008 年 11 月 28 日被突破，第三條下降趨勢線在 2009 年 1 月 5 日被突破。宣告日 K 線打底成功。

第三個確認訊號是 60 日移動平均線（即季線）是否翻揚向上（參閱本書第 48 節）。

台股大盤 60 日移動平均線在 2008 年 6 月 13 日走跌（箭頭由↑變成↓）之後，到了 2009 年 2 月 16 日才翻揚向上（箭頭由↓變成↑），行情確認由空翻多。

第四個確認訊號是，M1b 的年增率是否從負值轉向正值（參閱本書第 56 節）。

以往百試不爽的歷史經驗告訴我們，M1b 的年增率從負值轉向正值，而且從下向上穿越 M2 形成黃金交叉時，股價走多頭行情。

根據中央銀行 2009 年 2 月 25 日公布的資料，2009 年 1 月 M1b 年增率為 1.79％，雖然尚未與 M2 形成黃金交叉，但已由負轉正，這表示股價雖未開始起漲，但打底已成功。

第五個確認訊號是，日 K 線是否已經完成頭肩底打底完成的形態（參閱本書第 19 節）。

從日 K 線去觀察，此次以四個多月的時間打出一個頭肩底形態的底部，其左肩低點位在 2008 年 10 月 28 日的 4110 點，右肩低點位在 2009 年 1 月 21 日的 4164 點，底部位在 2008 年 11 月 21 日的 3955 點，頸線則在 4817 點，而 2009 年 3 月 13 日那根上漲 142 點的紅 K 棒有效突破頸線，那一天就宣告頭肩底打底成功。（參閱附錄的附圖 8）

我認為大盤即使回檔整理，頸線 4817 點將是強有力的支撐，不易跌破。

第六個確認訊號是，月 KD 值在 20 附近月 K 線是否向上交叉月 D 線形成黃金交叉（請參閱本書第 20 節）。台股大盤在 2009 年 3 月份月 K 線以 19.03 向上穿越月 D 線的 15.76，形成黃金交叉，在此即可確認大盤由空翻多。

　　當大盤陸續出現上述六個確認訊號之時，我已經有十成把握這裡就是底部區，於是毅然決然把剩餘的六成資金全數投入，再度挑選若干股票分批逢低買進。

　　在逮到底部區的過程中，投資人必須克服一項重大心理障礙：不是說股市是經濟的櫥窗，各項經濟指標都那麼差（工業生產指數衰退三成，海關出口值衰退四成，工廠裁員停工），真的可以進場買股嗎？國內外長期的歷史經驗告訴我們，股市是經濟的先行指標，股價會在景氣復甦前 4 至 6 個月（當時仍處在蕭條階段）開始翻升（請參閱本書 54 節）。因此，只要出現上述所講的十一個訊號，敬請放一百個心，大膽分批買進吧！

　　這就是我此次逮到 3955 點底部區的心路歷程。其中的技術、心法也完全分享在本書。

　　本書乃是筆者研究台灣股市 30 年的心血結晶，適合對股票已有一定程度的投資人。倘若您是股市新手，筆者建議您先去閱讀拙作《股市實戰 100 問》之後，再來閱讀本書。

郭泰

2009 年 4 月於溫哥華

第一章
....
賺股市的大錢

股票就像鈔票、支票與債券，
至少會有股利利得、價差利得、
增資認股利得三項利潤。
不論股利利得或是價差利得，
均能使投資人賺到大錢。

1

買賣股票會產生的利潤

股票是一種有價證券，就像鈔票、支票與債券一樣，它是每個國家工商業繁榮之後的必然產物。企業發行股票，經由公開的證券市場，可募集所需的資金，使企業能蓬勃發展；另一方面，投資人經由證券市場買入某企業的股票後，即成為該企業的股東。投資人所取得的股票就是身為股東的憑證，藉之享有股東的權益。

買賣股票至少會有下列三項利潤：

一、股利利得

當你買入上市公司的股票，成為該公司的股東之後，只要該公司經營良好，你每年均能獲得該公司所配發的現金股利（即配息）或是股票股利（配股）。

二、價差利得

你低價所買進的股票，抱牢持股，等到它漲到某一高價時才賣出，這中間有相當的價差利益，這也就是買賣股票的價差利得。

三、增資認股利得

你所買入股票的這家上市公司，當它由於業務擴大或擴建

新廠須增加資本時，你就有優先認購增資股份的權利。通常原股東認購均以面額 10 元為準，而股票的市價大多高於面額，這中間的價差就是增資認股利得。

郭　語　錄

賺取價差與配股配息，乃買賣股票最常見的利潤。

　　除了上數的三項利得之外，股票在通貨膨脹時，由於公司的資產會隨著物價的上升而調升，於是股票的市價也會隨著上漲，所以在通貨膨脹初期有保值的功效。再者，股東也可經由競選董事與監察人的方式，直接參與該公司的經營。這些也都是持有股票的好處。

　　由於台灣股票市場除了星期例假外，每天均有交易，所以股票的變現性極高。持有股票者每天均可在股票市場出售股票變現，因此擁有股票幾乎等於擁有現金。

2

績優股崩盤買進致富法

所謂績優股崩盤買進致富法，是指每逢股市崩盤時，也就是在每次股價循環的底部區時，買進高殖利率的績優股之後根本不賣，幾十年長期持有，在採取高配息利滾利的操作之下，賺到複利的驚人利潤。

就舉台灣塑膠龍頭股台塑來說，它是一檔長期獲利穩定的績優股，從 1962 年至 2017 年的 56 年間，長期平均下來每年至少有 15% 的獲利率。假設投資人在 1962 年初以 100 萬元買進台塑股票，然後只買不賣長期持有，以利滾利的方式操作，也就說每年 15% 的配息又變成本金在當年股價低檔時又買進。

這麼一來，17 年後，亦即到了 1978 年，原本投資的 100 萬元，會增值十倍到 1,076 萬元；33 年後，亦即到了 1994 年，原本投資的 100 萬元會增值一百倍達到 1 億 70 萬元；50 年後，亦即到了 2011 年，原本投資的 100 萬元會增值一千倍達到 10 億 8,366 萬元；56 年之後，亦即到了 2017 年，原本投資的 100 萬會增值 2500 倍達到 25 億 656 萬元。（參見表 1）

這聽起來像天方夜譚的致富法，台塑前董事長李志村就用過。他在 1983 年（當時擔任台塑副總經理）以 100 萬元買進台塑，用利滾利方式操作，14 年後，原本投資的 100 萬元增值到 1,400 萬元，上漲 14 倍，這是當時《工商時報》報導的。

據我所知，台塑的高幹是不賣自家股票的，因此若李志村繼續利滾利長期持有台塑股票至今，當初投資的 100 萬元已經增值到 2 億 6,350 萬了，上漲了 263 倍，複利的效益實在驚人。

郭 語 錄

崩盤就是指每次股價崩跌到循環的底部區。

表 1　100 萬元投資台塑股票的複利效果

單位：百萬元

#		年	#		年
1	100×1.15 ＝ 115	1962	29	5006.5588×1.15 ＝ 5757.5426	1990
2	115×1.15 ＝ 132.25	1963	30	5757.5426×1.15 ＝ 6621.1739	1991
3	132.25×1.15 ＝ 152.0875	1964	31	6621.1739×1.15 ＝ 7614.3499	1992
4	152.0875×1.15 ＝ 174.90062	1965	32	7614.3499×1.15 ＝ 8756.5023	1993
5	174.90062×1.15 ＝ 201.13571	1966	33	8756.5023×1.15 ＝ 10069.977	1994
6	201.13571×1.15 ＝ 231.30606	1967	34	10069.977×1.15 ＝ 11580.473	1995
7	231.30606×1.15 ＝ 266.00196	1968	35	11580.473×1.15 ＝ 13317.543	1996
8	266.00196×1.15 ＝ 305.90225	1969	36	13317.543×1.15 ＝ 15315.174	1997
9	305.90225×1.15 ＝ 351.78758	1970	37	15315.174×1.15 ＝ 17612.45	1998
10	351.78758×1.15 ＝ 404.55571	1971	38	17612.45×1.15 ＝ 20254.317	1999
11	404.55571×1.15 ＝ 465.23906	1972	39	20254.317×1.15 ＝ 23292.464	2000
12	465.23906×1.15 ＝ 535.02491	1973	40	23292.464×1.15 ＝ 26786.333	2001
13	535.02491×1.15 ＝ 615.27864	1974	41	26786.333×1.15 ＝ 30804.282	2002
14	615.27864×1.15 ＝ 707.57043	1975	42	30804.282×1.15 ＝ 35424.924	2003
15	707.57043×1.15 ＝ 813.70599	1976	43	35424.924×1.15 ＝ 40738.662	2004
16	813.70599×1.15 ＝ 935.76188	1977	44	40738.662×1.15 ＝ 46849.461	2005
17	935.76188×1.15 ＝ 1076.1261	1978	45	46849.461×1.15 ＝ 53876.88	2006
18	1076.1261×1.15 ＝ 1237.545	1979	46	53876.88×1.15 ＝ 61958.412	2007
19	1237.545×1.15 ＝ 1423.1767	1980	47	61958.412×1.15 ＝ 71252.173	2008
20	1423.1767×1.15 ＝ 1636.6532	1981	48	71252.173×1.15 ＝ 81939.998	2009
21	1636.6532×1.15 ＝ 1882.1511	1982	49	81939.998×1.15 ＝ 94230.997	2010
22	1882.1511×1.15 ＝ 2164.4737	1983	50	94230.997×1.15 ＝ 108365.64	2011
23	2164.4737×1.15 ＝ 2489.1447	1984	51	108365.64×1.15 ＝ 124620.48	2012
24	2489.1447×1.15 ＝ 2862.5164	1985	52	124620.48×1.15 ＝ 143313.55	2013
25	2862.5164×1.15 ＝ 3291.8938	1986	53	143313.55×1.15 ＝ 164810.58	2014
26	3291.8938×1.15 ＝ 3785.6778	1987	54	164810.58×1.15 ＝ 189532.16	2015
27	3785.6778×1.15 ＝ 4353.5294	1988	55	189532.16×1.15 ＝ 217961.98	2016
28	4353.5294×1.15 ＝ 5006.5588	1989	56	217961.98×1.15 ＝ 250656.27	2017

3

暴跌股抄底敲進致富法

這裡的「暴跌股」指的是那些深受景氣循環影響的股票，最典型的代表是鐵礦砂股（石油股亦同）；至於「抄底買進」，指的是在股價跌到此一循環的最低點時，大膽敲進之後，抱牢持股若干年後再賣出以謀取倍數利潤。

台灣只有鋼鐵股沒有鐵礦砂股。而全世界最具代表性的鐵礦砂股當屬巴西的淡水河谷公司（Vale of Brazil，簡稱 Vale）。它是全球產量與規模均居首位的鐵礦砂生產和供應商，被讚譽為「亞馬遜區域的引擎」、「巴西皇冠上的寶石」。

該公司有在美國的那斯達克掛牌，近八年來，其股價從 2011 年 1 月的高點 37.25 美元，慘跌至 2016 年 2 月的 2.14 美元；然後再從 2016 年 2 月的 2.14 美元，上漲至 2018 年 1 月的 13.57 美元。

投資人若能抄底成功，在 2016 年 2 月的 2.14 美元附近買進並能抱牢持股的話，短短不到兩年，股價即上漲了 5.65 倍，達到 13.57 美元，而且明顯可以看出股價仍走在多頭的上升趨勢之中。

然而針對這種暴跌股（從 37.25 美元慘跌至 2.14 美元，下跌幅度高達 94.26%），想要抄底成功誠非易事，必須具備下列五要件：

一、**堅信股價的循環理論**：股價永遠在上漲與下跌之間循環不已，漲久了就會跌，跌久了就會漲。聰明的投資人就懂得在循環中找到剛剛起漲的那個點。

二、**運用時間理論算出底部區**：運用費波南希數列中的 13、21、34、55、89 等，從月 K 線中推算出可能的底部區。

三、**深諳棄取理論**：人棄我取，人取我與。股票最佳買點一定是人人都說「絕不可以」之時。

四、**信仰順勢理論**：千萬不要笨笨地去摸底，一定要讓底部自己摸出一個大底，股價已經明顯由空翻多之後，才出手進去買。（此點非常非常重要）

五、**服膺股價的位置理論**：確認股價位在底部區第一波與第三波的起漲點之後（參閱拙作《看準位置，只賺不賠》的〈前言〉），大膽分批買進。

投資人若能善用上述五個理論（參閱《看準位置，只賺不賠》）、並成功抄美國最大鐵礦砂廠（Cleveland-Cliffs inc.）股價的底，於 2016 年 1 月的 1.2 美元買進，到了 2017 年 2 月股價飆漲至 12.37 美元（我有買），短短 1 年 1 個月股價就漲了 10.3 倍，獲利嚇死人。

當然，此一方法亦適用於台股大盤崩盤築底完成之際，選購股性活潑的小型績優投機股（我在 2008 年 11 月 3955 點時選了皇翔），亦可獲得高倍數的成效。

> **郭語錄**
>
> 景氣循環股在暴跌時買進，常有驚人的利潤。

4

成長股買進長抱致富法

所謂成長股買進長抱致富法，是指透過對產業的廣泛了解與個股的深入分析，設法找到一支高成長的股票，而後進行長期投資的做法。

通常一般的散戶都沒有能力找到成長股，即使是一般在電視上解盤的投顧老師，或是單槍匹馬，或是帶著兩、三位助理，也沒有足夠能力發現成長股。嚴格地說，只有投信、外資等法人機構，因為擁有一群學有專精的研究團隊，他們才比較有可能發現成長股。

那麼，什麼是成長股呢？根據百度百科，成長股是指發行股票時規模並不大，但公司的業務蒸蒸日上、管理良好、利潤豐厚，產品在市場上有較強競爭力的上市公司。

百度指出，成長股具備下列四點特性：

一、產品開發與市場開發能力都很強。

二、具備很強的核心競爭力，而且在行業中始終處於領導地位。

三、擁有既專業又優秀的管理團隊。

四、該公司的獲利能力，在每個經濟周期的高峰時也跟隨達到新的高峰，而且一峰比一峰高。

然而成長股其公司將盈餘都用在購買新設備、擴建廠房、加強研發、增聘人才等，把經營的利潤都投放在公司未來的發展，往往很少對股東派發股息。

　　不過，成長股的投資人應該把目光放遠，盡可能長期持有，即使股息領得不多，但應期望從股價的不斷飆升，獲得豐厚的利潤。

　　台股在 1992 年曾出現一支典型的成長股，那就是鴻海。它在 1992 年 9 月的股價只有 37.5 元，到了 2000 年 3 月，短短 7 年半的時間，股價飆漲到 375 元，正好是十倍，若再加上這段期間每年的配股配息，獲利高達一百倍以上，也就是說，在 1992 年買進鴻海股票 100 萬元，若持股都沒賣，到 2000 年才賣掉，立刻就成為億萬富翁。

　　此外，1987 年的國泰人壽、1997 的台積電、2004 年的宏達電、2009 年的上銀、2012 年的大立光等，都屬成長股。

5

股市賺大錢的機會
都是「等」來的

不論採取績優股崩盤買進法、暴跌股抄底敲進法，還是成長股買進長抱法，股市裡所有賺大錢的機會都是「等」來的。

採取績優股崩盤買進法，你必須耐心等待崩盤的到來。同樣，採取暴跌股抄底敲進法，你也必須耐心等待股價暴跌到匪夷所思的底部區。就算是採用成長股買進長抱法，努力去尋找或長抱，也需要很大耐心去尋找、等待。

說到「等」這個字，一定要提到德川家康這個人。織田信長、豐臣秀吉、德川家康是日本戰國時代的三雄。最後德川統一天下，建立歷時 360 多年的德川王朝；當時百姓拿製糕的過程來形容三個人：織田辛苦地磨麥做麵粉，豐臣努力地把麵粉和水製成糕餅，而德川則是很有耐心地等到最後坐享其成。

日本人非常喜歡用杜鵑鳥的故事來形容這三個人的性格。

有人養了一隻非常漂亮的杜鵑，然而就是不啼叫，若是要聽牠啼叫，有何辦法呢？

織田信長說：「杜鵑不啼叫，我會逼迫牠啼叫，再不叫就把牠殺了。」

豐臣秀吉說：「杜鵑不啼叫，我會想盡辦法誘勸牠叫。」

德川家康說：「杜鵑不啼叫，有什麼關係呢？我就慢慢等吧！有一天牠總會叫的。」

織田的性格暴烈，故會逼迫杜鵑啼；豐臣精於謀略，故會誘勸杜鵑啼；德川的性格隱忍，故會等待牠啼。

德川畢生奉行「等」的哲學，他知道自己的實力不如豐臣，就臣服在其下恭順地等待，很有耐心地等了 17 年，等到豐臣死亡。接著，德川又等了 17 年，找到機會才把豐臣的兒子秀賴給滅了。他總共耐心等了 34 年才得到天下。

股市裡想要賺大錢的投資人，應該以德川為榜樣，不論 3 年、5 年或 7 年、10 年，要很有耐心地等待，因為股市裡賺大錢的機會都是等出來的。

郭 語 錄

只有悟透「等」的哲學，才會在股市裡發大財。

6

弄清你想賺多少錢

投資人備妥了資金要投入股市之前，一定要問一問下面的四個問題：

一、你承擔得起風險嗎？

此處的風險指的是資金的虧損。沒錢自然承受不了虧損的風險，有些人雖然有錢，但虧一點就受不了，這也算承擔不起風險。對於承擔不起風險的人，請遠離股市，把錢存銀行吧！

二、你承擔得起多大的風險呢？

這句話的意思是：你可以承受得起多少錢的虧損？想大賺之前請先想到虧損，你能賠得起多少錢呢？股票是高風險的投資，有賺有賠，只有賠得起的人能夠賺得到錢。亦應慎重考慮在自己賠得起的範圍內設下停損，以免傾家蕩產、走投無路。

三、你想投機還是投資呢？

這句話是在問持股期間的長短。若是每天做價差或三、兩天進出的人，那是極短的帽客；若是一、兩星期，那是短線投機者；若投資好幾個月或達一年，甚至兩、三年，那是做波段的長線投資。

許多人短線與長線兼著做，其實投機或投資都能賺到錢，關鍵在於你有無真本事。

四、你想賺多少錢呢？

這句話主要是問你希望的投資報酬率，兩成？三成？四成？五成？還是一倍？兩倍？五倍？十倍呢？

假如你買進台塑這支股票，從長期觀察，每年的投資報酬率大約 15%；假如你在底部敲進皇翔這支小型投機股，其投資報酬率可能達到七倍。

郭　語　錄

知彼知己，才能百戰百勝。

7

在股市裡賺到大錢的人

到底什麼人在股市裡賺到大錢了呢？只有兩種人，一是真正的股市高手，另一是績優公司的大股東。

先說股市高手。我把股市裡真正的高手區分為三個等級：

一、**初段高手**：此一等級的高手深諳道氏股價理論（Dow Theory）與艾略特（Ralph Nelson Elliott）的波浪理論（Wave Principle），研究過空間波與時間波的修正意義，研習過 K 線，深知 K 棒與形態所展現的多空力量，更摸透主力的操盤心態與成交量代表的多空走向。他們精通羅伯・愛德華（Robert D. Edwards）與約翰・麥基（John Magee）的技術分析，熟讀過《股票作手回憶錄》。他們有能力在每次的股價循環中逮到底部，大膽買進，而且抱牢持股賣在頭部。

二、**中段高手**：此一等級的高手比初段高手高一級，有能力多空兩頭賺。他們在股市的多頭行情裡，能夠逮到底部大膽買進，抱牢持股賣在頭部；在空頭的行情裡，有能力抓到 B 波的高點狠狠地放空，多空兩頭賺。

三、**高段高手**：此一等級的高手更高於中等高手，乃是高手中的高手。他們有能力研判出每一波段（指波浪理論八波段的每一個波段而言）的高低點；第一波做多，第二波放空，第

三波做多，第四波放空，第五波做多，第六波放空，第七波做多，第八波放空，聽起來像神仙在操作。

郭 語 錄

只有高手賺到大錢。

我沒見過高段高手，據說日本江戶時代的本間宗久即屬此類人物，他乃是 K 線分析的老祖宗。

我建議投資人不要太心急，應以 10 年磨一劍的毅力，立志 10 年之內把自己鍛鍊成初段高手，就很了不起了。說來慚愧，我在台股跌跌撞撞近 30 年，才勉強忝列初段高手。

為這事，我寫下這些字激勵自己：

擇一事，終一生。

10 年磨一劍，必有小成，值得尊敬；

20 年磨一劍，必有中成，值得叩首；

30 年磨一劍，必有大成，值得膜拜。

再來說績優公司的大股東。

績優公司的大股東，他們不會賣出股票，每年配股配息，在採取利滾利的操作策略之下，展現複利的驚人效益，每位大股東在持股三、四十年後，都變成億萬富翁，無一例外。台灣上市績優公司大股東，個個皆是人人羨慕的億萬富翁。

所以說，股市真正的高手與績優公司的大股東，才是在股市裡賺到大錢的人。

一般散戶爲何賺不到大錢

我們很少聽過小散戶在股市賺到上億的大錢，這是什麼緣故呢？根據我深入的觀察與分析，得出下列五個結論：

一、逮不到底部區

本書第二章詳細列出底部出現的 11 個訊號，投資人簡簡單單、輕而易舉就能逮到底部區，可是倘若沒有這 11 個訊號，投資人還真不容易逮到每一循環的底部區。

投資人真正可以進場買股的區域，就是第一波與第三波的起漲之處（即底部區與次底部區），除了這兩個點，其他地方買股均有風險，不易賺到大錢。

二、逮到底部區卻不敢買

每一次的底部區都是歷經空頭無情的追殺之後形成的，此時風聲鶴唳、草木皆兵，是投資人最害怕的時候，這時即使出現本書第二章列舉的 11 個訊號，卻因投資人驚魂未定，內心充滿了懷疑與恐懼，常常明知道是底部區，卻因心中害怕而買不下手。

三、出手買進，卻買不多

每一次的底部區都是眾人最害怕、談股色變、有如驚弓之鳥的時刻，談起股票，眾人皆說「不可以」，這時即使有膽大者

試著分批下單，但基於心中的疑慮，必定買不多。在底部區不敢下大單，當然就賺不到大錢。

四、重壓了，卻抱不住

即使撒下資金重壓了，在股價上漲兩、三成，由於人性恐懼（怕它回跌）與貪婪（賺到先跑）的弱點使然，就想先獲利了結，等待股價跌回來之後重新補回。可是在一個多頭行情裡股價愈走愈高，根本有去無回，不再出現讓你買回的機會，眼睜睜讓賺大錢的機會從眼皮底下溜走了。

五、好不容易抱住了，在頭部區捨不得賣出

當股價愈走愈高，來到頭部區，愈發捨不得賣出。股價在高檔區築完頭之後，盤勢由多翻空，股價迅速下跌。這時，投資人愈發捨不得賣出股票，一路抱下去。結果在空頭市場裡把先前所賺的價差完全賠光光，空歡喜一場。

總之，散戶大都是因為上述五個原因而賺不到大錢。

9

促使股價漲跌的原因

促使股價上漲的原因有下列八點：

一、經濟繁榮

統計資料顯示，台灣股價上漲的原因中，有六成九是受到經濟繁榮、調降利率、增加貨幣供給額等因素的影響。

二、公司業績良好

當產業遠景看好，公司業績良好，盈餘增加，每年配發股利，投資人爭相購買其股票，股價自然就上漲。

三、公司的發展潛力被發現時

有些公司發展初期，業績平平，並不特別引人注目。後來潛力發揮出來，或因新產品開發成功，或因產品暢銷，或因產品漲價，或因獲利率大幅攀升，促使股價成倍數成長。

四、月K線走完艾略特的八個波段

根據艾略特波浪理論，股價在一完整的走勢中，呈現如波浪般的八個波段的走法，走完八波段再來一個八波段，周而復始，不斷循環。

當股價的月K線走完八個波段時，亦即跌到了底部區，股價跌無可跌，再來就是上漲了。

五、不合理的暴跌之後或跌深之時

根據道氏股價理論與醉步理論，股價必定呈現如波浪般的走勢，而且具備兩個特質：一是現在跌得慘將來就漲得凶，一是股價終究會反應其應有的真實價值。因此，當股價發生不合理的暴跌或跌深、遠低於其真實價值時，定會吸引買盤介入，促使股價上漲。

六、溢價現金增資的人為炒作

若干小型投機股在辦理溢價現金增資時，因為是有價自掏腰包認股，所以公司大股東在擔心無人認股之下，都會把股價炒高達增資股股價一倍以上，如此一來，投資人才會踴躍去認購增資股。

七、發生軋空行情時

主力在炒做某支股票時，有人跟他對做（通常是公司派或丙種經紀人）賣出股票或放空。主力吃下空頭賣出的股票，股價不跌反漲。這時空頭害怕想要回補，但籌碼已被主力鎖死，天天開盤漲停，空頭回補無門，股價飆漲，出現軋空行情。

八、發生股權相爭時

有時市場派與公司派會激烈爭取股權，或該公司因改選董監事而發生激烈的股權之爭，這時都會發生驚人的投機行情，股價呈現倍數的飆漲。

促使股價下跌的原因有下列六點：

一、經濟蕭條

經濟繁榮是影響股價上漲的主因之一；相反的，經濟蕭條則是影響股價下跌的主因之一。各國的經濟景氣均呈現繁榮→

衰退→蕭條→復甦→繁榮等四個階段的循環現象。而股市通常提前 4 至 6 個月反應未來經濟，因此當景氣在抵達繁榮階段的高峰時，在衰退階段前 4 至 6 個月，股價變會逐漸下跌。

二、公司經營不善時

一家上市公司經營不善、產品滯銷、獲利率下降，必定會影響股價下滑。情況輕微者，公司虧損，幾年之內均無盈餘，無息或無股可配；情況嚴重者，財務惡化，支票退票。不但造成股價暴跌，也會被金管會降為全額交割股；情況最嚴重者，公司宣告倒閉，遭勒令下市，公司股票變成一疊廢紙。

三、月 K 線走完艾略特的五個波段頭部形成時

根據艾略的波浪理論，在一個完整的八波段循環中，前面的五個波段是多頭行情，後面的三個波段是空頭行情。當前面的五個波段多頭行情走完、頭部形成時，股價自然開始走跌。

四、利率高漲，銀根緊縮時

高利率是股價的天敵。高利率時，不但企業營運成本加重，投資人捨股市而就銀行，把錢存在銀行生息，股市銀根緊縮，動能不足，股價易跌難漲。

五、世界性的金融危機

2008 年雷曼兄弟倒閉事件與 2011 年希臘歐債危機等，均屬世界性金融危機，牽連甚廣，影響全球股市，包括台灣股市。

六、發生重大財政利空

台股最典型的財政利空當屬宣布課徵證券交易所得稅。財政部在 1988 年 9 月 24 日宣布開徵證所稅，造成台股 19 個營業日無量暴跌。24 年後，財政部於 2012 年 4 月 12 日宣布證所稅復徵方案，台股隨即應聲下跌。證所稅乃是台股的天敵。

10
抱股會成為鉅富

抱股，是指投資人在底部或次底部區買進之後抱牢持股，一直到五波多頭行情走完，賺足整個波段再賣出持股的意思。

根據我多年在股市的觀察，買在底部與賣在頭部都不算太困難，很多人都做得到。最困難的是，買到底部區之後能夠縮手不動，緊抱持股好幾年，賺到大波段數倍的利潤才肯鬆手。

也就是說，能在底部買進的人很多，但買進之後能抱牢持股幾年，出脫在頭部的人少之又少。就拿自己當例子，台股第三次循環的底部區在 2001 年 9 月的 3411 點附近，當時被我逮個正著，於是我大膽買進績優股正崴，可惜賺到三成就賣了，而後股價持續上漲再也追不回來，錯失大波段的利潤。

美國投基大師傑西·李佛摩（Jesse Livermore）在他《傑西·李佛摩股市操盤術》書中明確地指出，如果股價從反轉關鍵點（指的是底部區或次底部區）往上走，他會放心大膽地抱著它，只要買的股票是賺錢的，他會完全放鬆，氣定神閒地抱牢持股，一直到賣出時機（指頭部訊號出現時）的來臨。

我在拙作《看準位置，只賺不賠》一書中第九章抱股理論中，特別列出抱股的十二個心得與技巧，茲列舉如下：

一、抱股是違反人性，是不人道的，但為了追求倍數的利潤，必須強迫自己。

二、必須深刻體認到：抱股關係到能賺到大錢，或僅僅能賺到小錢。

三、抱股的理想境界是：手中有股票，心中無股價。

四、根據個人經驗，只有在底部區與次底部區買進的股票，因為成本夠低、不怕上沖下洗，比較抱得住。

五、第一波一路上漲，抱住不難，第二波回跌修正，抱住困難。因應對策之一：實在抱不住，賣一點點（譬如持股的十分之一），放屁安狗心；因應對策之二：第二波拉回次底部區加碼。

六、主力振盪洗盤時，抱股最難，這時建議高聲朗誦「抱股理論」三次。

七、底部買進之股票，建議一週看一次盤。

八、底部買進之股票，最好安排旅行，根本就不去看盤。

九、堅持到第三波月 KD 死亡交叉即走人。

十、若單論直線上攻，第一波發生月 KD 死亡交叉先賣持股之三分之一，待第二波回檔整理之低點即補回，從中賺價差。

十一、完成抱股理論的關鍵就在「克服心魔，故須修心」。

十二、個人慘痛的經驗，上述種種都做不到的話，錯失一次發大財的機會，從中學到教訓，下一次自然而然就會做到了。

11
不曾在股市虧過錢的兩個人

在我 30 年的股齡中，只聽說過有兩個人不曾在股市中虧過錢，一個在美國，一個在台灣。

在美國的這個人名叫沃邁克（Womack），出現在美國理財專家約翰・特雷恩（John Train）所撰寫的《投資的技術》（*The Craft of Investing*）一書中。休士頓有一家美林證券的營業員，曾替沃邁克買賣股票 40 年。根據這位老營業員的轉述，沃邁克買賣股票的情形如下：

一、他是海灣鎮（Bay Town）的一個農夫，以種稻與養豬維生，每天忙於農事，根本沒時間看盤，既不懂基本分析，更不知道什麼技術分析。

二、每當空頭市場來臨，他就會開始注意電視與報紙的股市新聞。當股市一片哀鴻遍野，財經專家一面倒悲觀，預測道瓊仍會持續探底時，沃邁克就會出現在美林證券的營業廳（通常他很多年才會出現一次）。

三、然後，他就從標準普爾裡挑選 30 支股價跌到 10 美元以下、獲利穩定且每年固定配息的股票。他習慣花 5 萬美元買進一籃筐標準普爾的股票，然後笑嘻嘻走回家，鎖在保險櫃裡面。

四、有時經過一、兩年，有時三、四年，在股市大漲，電視上分析師預測道瓊將不斷創新高之時，他就進城把幾年前買進的 30 支標準普爾股票全數賣掉。

五、通常 30 支股票結算下來，總會有一、兩檔變為壁紙，分文不值，但其他檔有的漲一倍，有的漲兩倍，有的甚至漲五倍。總之，他每次都大賺一筆。

六、沃邁克似乎從未在股價觸底時買進股票，也從未在股票漲到最高峰時賣股票。他習慣於在股價的底部區附近買進，而後在高點附近賣出。

七、他根本沒有停損的觀念。在 1970 年左右，他看見道瓊暴跌創新低，毫不猶豫花 5 萬美元買進 30 支標準普爾股票，不料道瓊又破底跌了一段，沃邁克不慌不忙又多支出 5 萬美元加碼敲進那些他原先低價買進的股票，結果這次讓他狠狠賺進雙倍的錢。

聰明的讀者有沒有恍然大悟，沃邁克這種做法不就是本章第二節績優股崩盤買進致富法嗎？

另一個不曾虧過錢的，是一位馬姓計程車司機。這個真實故事，是由財經專家老謝（謝金河）口中說出來的。

馬姓計程車司機股齡已達 20 年，從他手中買進賣出的股票從未賠過錢。

他操作股票有三個原則：第一，被他選中的股票一定是在歷史上的低價區才會買進；第二，被選中的股票必定每年能配息，長期抱下來，成本愈來愈低，因此若干股票至今已沒什麼成本；第三，他絕不做短線。因為掌握上述三點，故買賣股票

20 年來從未賠過錢。

　　後來老謝問馬姓司機，為什麼還在開計程車呢？他說：「調劑生活，這是樂趣。」

郭 語 錄

這兩個不曾在股市虧過錢的人，就是投資人的典範。

12

暴利卻違法的內線交易

股市裡有一句非常諷刺的話：股市裡再多技術分析的線，都不如一條線有用。那一條最管用的線，就是內線。

上市公司若是處理土地或資產、增減資、配股或配息、併購案等，影響股價漲跌至大。上述行為均須召開股東大會，並經董監事依法定程序同意，在經會計師查核簽證後才能公開。

事先獲悉內線消息的董監事、大股東與主辦人員，在利多消息未發布前，先行購入；或利空消息未發布前，先行賣出，從中獲取暴利，此一行為稱之為「內線交易」。

台股近年最轟動的內線交易案，莫過於在 2017 年 9 月間爆發的荷蘭商 ASML（艾斯摩爾）收購台股股后電子束檢測廠漢微科傳出的內線交易案。負責擔任收購方財務顧問的瑞士信貸台灣區總經理邱慧平，在消息發布前得知併購案已談成，她丈夫許某偷聽到妻子邱慧平的談話內容，趁利多消息發布前，搶先買進漢微科股票，獲非法利潤達 2,100 萬元。台北地檢署在 2017 年 9 月依證交法內線交易罪起訴許某人，至於邱慧平因不知情獲不起訴處分。

根據證券交易法第 157 條之 1 的規定，公司的董監事及經理人、持有公司股份超過 10％的股東，以及基於職業或控制關係獲悉消息的人，或由前述三種身分的人獲悉消息者，在獲悉

該公司有重大影響其股價之消息時，在該消息未公開前，不得對該公司之上市或在證券商營業處所買賣之股票買入或賣出。違反者，除必須歸還差價利益之外，依證券交易法第 175 條之規定，另課以刑責，最高可處 2 年以下有期徒刑。

　　雖然法條訂得清清楚楚，涉及內線交易的不當利益除了必須歸還之外，還得擔負刑責，然而因內線交易獲得的不當利益金額巨大，極為誘惑人。因此，至今台灣股市的內線交易仍然繪聲繪影，時有所聞。

第二章

....

底部出現的 11 個訊號

每一次股價在大跌之後浮現的底部區，
不是用猜的，
它有 11 個蛛絲馬跡可尋。

13

第 1 個訊號
月 K 線走完艾略特八波段

這是大盤落底的第一個訊號。

艾略特波浪理論公認是股市技術分析的經典，適用在各國的股市，它是在 1934 年時，由絕頂聰明的美國人艾略特這位股市天才所發明的。

艾略特原是一位專業會計師，後來因病退休。因為他目睹了華爾街股市在 1929 年前後的大榮景與大崩盤，他利用多年養病的期間，蒐集華爾街股市 75 年來的資料，研究股價的變化。

他發現股價在一個完整走勢中，呈現固定如波浪般的八個波段的走法，走完八波段又來一個八波段，不斷循環。這就好比人類永遠脫離不了春夏秋冬與生老病死等自然規律一樣，股價也永遠脫離不了固定波浪走勢的循環律，周而復始。

在一個完整走勢的八波段中，前面五個波段是多頭行情，而後面的三個波段是空頭行情。在多頭行情的五個波段中，第一、第三、第五是上升，而第二、第四是回檔整理。在空頭行情的三個波段中，第六、第八是下跌，而第七則是反彈整理。（請參閱圖 1）

要證實艾略特所說的八個波段是否走完，一定要從月 K 線去觀察（切記，不是週 K 線，更不是日 K 線），因為月 K 線代

圖 1　艾略特八波段的完整走勢

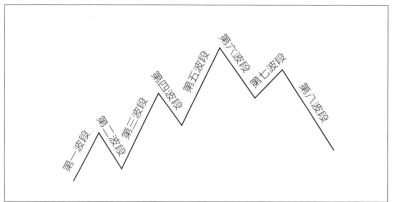

第一波段　第二波段　第三波段　第四波段　第五波段　第六波段　第七波段　第八波段

表的是長天期的走勢，代表的是趨勢。只有從月 K 線去剖析，才能研判艾略特八波段的完整走勢是否走完。

　　以台股為例，最近的一個循環已經走完。它的起漲點在 2001 年 9 月的 3411 點。

　　一、第一波從 2001 年 9 月的 3411 點上漲至 2002 年 4 月的 6484 點。

　　二、第二波是從 2002 年 4 月的 6484 點回檔至 2002 年 10 月的 3845 點。

　　三、第三波從 2002 年 10 月的 3845 點上漲至 2004 年 3 月的 7135 點。

　　四、第四波是從 2004 年 3 月的 7135 點回檔至 2004 年 8 月的 5255 點。

　　五、第五波是從 2004 年 8 月的 5255 點上漲至 2007 年 10 月的 9859 點。

　　六、第六波是從 2007 年 10 月的 9859 點下跌至 2008 年 1

月的 7384 點。

七、第七波是從 2008 年 1 月的 7384 點反彈至 2008 年 5 月的 9309 點。

八、第八波是從 2008 年 5 月的 9309 點下跌至 2008 年 11 月的 3955 點。(參閱附錄的附圖 1)

從 3411 點上漲到 9859 點是多頭行情，從 9859 點下跌到 3955 點是空頭行情，從月 K 線觀察，完整的八波已經走完，再來就是另一個新的八波。

既然八波段已經明顯走完，大盤當然已到底部區。

14

第 2 個訊號

月成交量大幅萎縮

在一段空頭慘烈的下跌行情中，除了上帝之外，沒有人知道最低點在什麼地方。雖然沒有人知道最低點在何處，可是低點附近（或稱底部區或低檔區）卻可從一些蛛絲馬跡中研判出來。

股市有句諺語：「新手看價，老手看量。」為何這些老手要看量呢？因為量是價的先行指標。底部區的第二個訊號就是，大盤成交量大幅地萎縮。

為什麼在底部區時，成交量會明顯的大幅萎縮呢？因為這時多空的趨勢混沌不明，多空雙方都不敢越雷池一步。一方面多方不敢買，因為害怕買了之後股價還會下跌；另一方面空方也不願賣，因為股價太低了，實在賣不出手，而且放空者到此處亦有所顧忌，也害怕被多方軋空，因此形成了多空均縮手觀望的局面，所以成交量才會大幅萎縮。

舉實例來說明。台股第一次大空頭，是從 1990 年 2 月 12 日的加權指數 12682 點下跌到 1990 年 10 月 12 日的 2485 點。前後整整走了 8 個月的空頭，加權指數慘跌 80%。

觀察期間月成交量的變化，是從 1990 年 2 月的 35,245 億，

逐月下降到 1990 年 9 月的 4,557 億，縮幅高達 87%，這是成交量大幅萎縮。（參閱附錄的附圖 2）

再舉一個實例來說明。台股第二次大空頭，是從 2000 年 2 月 18 日的加權指數 10393 點下跌到 2001 年 9 月 26 日的 3411 點。前後整整走了 1 年 7 個多月的空頭，加權指數慘跌 67%。

觀察期間月成交量的變化，是從 2000 年 1 月的 45,816 億，逐月下降（其中空頭行情反彈月成交量有增加）到 2001 年 9 月的 6,572 億，縮幅亦高達 86%，這也是成交量大幅萎縮。（參閱附錄的附圖 3）

台股第三次大空頭，是從 2007 年 10 月 30 日的加權指數 9859 點下跌到 2008 年 11 月 21 日的 3955 點。前後整整下跌 1 年 1 個月，加權指數慘跌 60%。

觀察期間月成交量的變化，是從 2007 年 7 月的 50,316 億，逐月下降（其中空頭行情反彈月成交量有增加）到 2009 年 1 月的 8,630 億，縮幅亦高達 83%，這又是成交量大幅萎縮。（參閱附錄的附圖 4）

從上述三個寶貴的歷史經驗告訴我們，成交量大幅萎縮乃是底部出現的第二個訊號。

15

第 3 個訊號

融資餘額的減幅
大於大盤的跌幅

郭 語 錄

由於融資者大都是散戶，所以從各融資餘額的增減與股價漲跌之間的變化，常能研判主力動態與未來股價的走勢。

底部區的第三個訊號就是，融資餘額的減幅一定要大於大盤的跌幅。

在一段空頭的下跌走勢中，我們一定會看到融資餘額跟隨著股價的下跌而減少。就在這一段過程中，我們必須等到融資斷頭的籌碼殺出，融資餘額銳減，而且其銳減的幅度還必須大於大盤的跌幅，此時籌碼清洗乾淨，底部才會浮現。

每次當股價跌深之時，融資者整戶擔保維持率不足 120％時，證券金融公司會要求融資買進者補足保證金差額，若融資者無法補足差額（通常是沒錢，否則就不必融資了），證券金融公司會不計價（雖然股價已經夠低了）殺出質押的股票。通常這是築底之前的最大一筆賣壓，而這筆賣壓則可從融資餘額的銳減瞧出端倪。

舉個實例來說明。台股 2000 年的大空頭，加權指數從 10393 點跌到 3411 點，跌幅達 67％。

那麼，其間融資餘額的變化又如何呢？是從 2000 年 4 月 13

日的 5,956 億（請留意，融資最高那一天並非加權股價指數最高那一天）銳減到 2001 年 10 月 15 日的 1,092 億（請留意，融資最低那一天並非加權股價指數最低那一天）。其跌幅達 82％，遠大於大盤 67％的跌幅。

而台股 2007 年的大空頭，其融資餘額銳減的情形又是如何呢？

截至 2009 年 1 月為止，融資餘額是從 2007 年 10 月 31 日的 4,144 億（請留意，融資最高之日與加權指數最高之日僅差一天）銳減到 2008 年 11 月 24 日的 1,159 億（請留意，融資最低日與加權指數最低日僅差一天）。其跌幅達 72％。

而期間大盤加權股價指數是從 9859 點跌到 3955 點，跌幅為 60％。兩相比較之下，融資餘額的跌幅大於大盤的跌幅。從融資餘額銳減的角度觀察，此處為底部區已經可以確立。

16

第 4 個訊號

月 K 線走完八波段後，
股價盤整不再破底

這是底部區的第四個訊號。

為什麼大盤在月 K 線走完八波段之後，股價盤整，形成既不跌也不漲的現象，而且股價不再破底創新低。

股價為何不再下跌呢？因為已經跌不下去了，為何跌不下去呢？因為在這裡大股東、法人以及一些長期投資者進場買進。股票有人承接，股價自然就止跌了。

另外，空方在此處雖然不會回補，但也不敢再加碼放空，因為股價實在太低，唯恐一旦放空會被軋空。這時會賣出的，除了一些短線客，還有就是對大盤已經完全絕望的多頭了。

股價為何不漲呢？因為漲不上去，為何漲不上去呢？因為在這裡買進的大股東、法人以及長線投資人，他們只會默默吃貨，逢低就買進，但不會去拉抬或追價。無人拉抬或追價，股價當然就不漲了。

既不漲也不跌，這是大盤築底好現象。俗云：「三日頭，百日底。」大盤築底的期間長達 100 天，若以營業日來計算，一個

月大約 22 個營業日，需要四個多月。

這時股價在盤整的期間，還有一個特殊的現象，就是股價不再破底創新低。亦即大盤在走完空頭創下一個低點之後，不論盤勢如何整理，也不管發生多大的利空，那一個低點就是不會被跌破。

為什麼這個低點會屢次跌不破呢？因為只要接近低點，股票立刻有人買走，自然就見不到另一個新低點了。

17

第 5 個訊號

政府一連串干預動作

為什麼政府一連串的干預動作，也是大盤接近底部區的訊號呢？

整個台灣股市是由外資、法人、大戶、中實戶、散戶、上市櫃公司、證券商、財政部、金管會、交易所、櫃檯中心、集保公司、證券金融公司、丙種經紀人、投資信託公司、投資顧問公司、股友社等所組成。但是影響股市長期走勢最關鍵的仍然是財政部與金管會這兩個政府機構。

不知您有沒聽過下面的小故事。

張三與李四都是標準的棒球迷。有一天，兩人為了爭辯誰是全世界最強的棒球隊，爭得面紅耳赤，相持不下。

最後，張三說：「這樣好了，我把全世界最好的投手與打擊手，像王貞治、貝比魯斯等好手都聚集在一起，組成一個棒球隊，那一定是全世界最強的隊伍了吧！」

李四聽了，笑了笑說：「只有最好的投手與打擊手有什麼用呢？必須是全世界的裁判所組成的棒球隊，才是舉世無敵的。」

在股市裡面，不論外資、法人、券商、投信、投顧或是大戶、中實戶、散戶等，全部都是球員，只有政府才是裁判。球

員們不論技術如何高超，永遠贏不了裁判；球員們非但不可違抗裁判，相反的，還必須揣摩裁判的心態去打球，才能得勝。

政府在股市低迷，接近底部區時，常有下列的動作：

一、國安基金、退撫基金、勞保基金、勞退基金等四大基金在政府指示之下，進場買股票，護盤。

二、中央銀行調降重貼現率與存款準備率。

三、各銀行紛紛調降存款利率。

四、縮小股價的漲跌幅。

五、停徵或調降證券交易稅。

六、交易所總經理或財經主管主動邀約外資聚餐，呼籲進場買股。

七、全面禁止放空。

上述七項動作之中，最有效的是第一與第二項。不過，有兩點必須特別留意。

第一，國安基金進場護盤之後，股價通常還會下跌二至三成左右。長線而言，國安基金每次最後都是贏家，但因其每次買進後股價還會下跌，故投資人應隨著國安基金分批買進，或是股價在國安基金買進後下跌二至三成再買進。

以 2008 年為例，大盤從 9859 點跌下來之後，國安基金大約是在 5500 點左右進場護盤，結果仍下跌至 3955 點，故等5500 點再下跌二成七左右，即破 4000 點變成絕佳的買點。

第二，中央銀行調降重貼現率或存款準備率，其主要目的在寬鬆銀根，進而促使各銀行調降存款利率，把投資大眾存在銀行的錢趕到股市與房市等投資市場，促使經濟景氣繁榮。

但央行此一舉動並非立竿見影，需要一段時間來發酵，故投資人千萬不可心急，可把它當做接近底部區的訊號來看待，並耐心等待手中持股開花結果。

18

第 6 個訊號

月 K 線走完八波段後
出現月紅 K 線

底 部區的第六個訊號就是，大盤月 K 線在走完艾略特的八個波段之後，出現一根紅的月 K 線。

通常大盤在走空頭行情時，從第六波下殺，第七波的反彈，到第八波的再下殺，以第八波下殺情勢最為可怕，不但跌幅最大，跌速也最凶猛，到最後階段，月 K 線連續出現長黑，投資人有如驚弓之鳥，一路被追殺，人人談股色變。就在這個時候，怎麼會出現一根紅的月 K 線呢？

這是因為有人在低檔承接，這時盤面充滿肅殺氣氛，一般投資人絕對不敢進場買進，只有深入了解公司情況的大股東、法人、主力，以及長線投資人才敢在此逢低吃貨。

請記住，在空頭慘跌過程中，能夠讓大盤止跌的絕對不是散戶，而是大股東、法人與主力等大戶。

為什麼這些大戶敢在市場利空不斷、景氣一片低迷之際，進場大膽買進呢？因為他們深知公司的營運狀況，也知道企業未來的前景，研判目前的股價已經物超所值太便宜了，才敢勇敢地進場敲進。

郭 語 錄

　　先拿 1990 年 2 月的大空頭為例，大盤指數從 12682 點下殺到 2485 點，很明顯地走完八波段之後在 2485 最低點那一個月（1990 年 10 月）出現了一根紅的月 K 線，大盤在此止跌起漲，又開始另一個八波段的新生行情。（參閱附錄的附圖 5）

　　再以 2000 年 2 月的大空頭為例，大盤指數從 10393 點下殺到 3411 點，很明顯地走完八波段之後在 2001 年 10 月出現了一根紅的月 K 線，大盤在此止跌起漲，又開始另一個八波段的新生行情。（參閱附錄的附圖 6）

　　又以 2007 年 10 月的大空頭為例，從 9859 點下殺到 3955 點，也很明顯地走完八波段之後在 2008 年 12 月出現了一個紅的月 K 線。大盤在此止跌起漲，又開始另一個八波段的新生行情。（參閱附錄的附圖 6）

　　月 K 線走完八波段後出現紅 K 線，等於是大盤落底第一個與第四個訊號之後的再確認。

月紅 K 線出現時，表示這個月多空廝殺的結果是多方勝、空方敗。

19

第 7 個訊號

日 K 線完成打底形態

這是底部區第七個訊號。

大盤在底部區時，若從月 K 線去觀察，除了第一，明顯走完艾略特的八個波段；第二，股價盤整不再破底創新低；第三，八波段後出現月紅 K 線等三個明顯的現象之外，若從日 K 線去觀察，則會出現 K 線完成打底的形態。

最常見的日 K 線打底的形態有頭肩底、W 底以及島狀反轉。要了解頭肩底與 W 底，必須先知道股市中「打底」的意義。

當股價下跌，往下探底獲得支撐後，股價不見立即彈升，而在支撐價位區盤檔整理一段期間，待洗清浮額後，即離開底部而上揚。此一盤檔整理的行為，稱之為「打底」。

一、頭肩底形態的打底

此種形態的打底，顧名思義，它有頭有肩，不過是拿頭來當底部，它是經由下面四個步驟所形成的（參閱圖 2）：

（一）股價在空頭行情的末期時，一路下殺，血流成河，卻突然出現大成交量，接著股價反彈回升到一個幅度，形成了「左肩」。

（二）而後，股價又從左肩的回升點下跌，跌幅超過了左肩

圖2　頭肩底K線圖

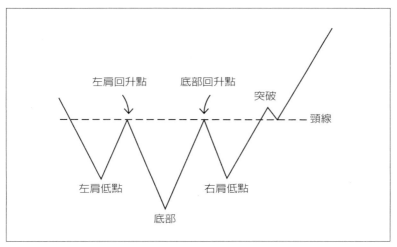

郭　語　錄

當股價下跌至某價位區時，由於有支撐而止跌回升，此一獲得支撐的價位區，稱之為「底」。

的低點，創另一新低價，形成了「底部」。接著，又反彈至左肩的回升點。

（三）然後股價又從底部的回升點下跌，不過其下跌的低點不會再破底，而且就在左肩之低點附近，於是形成了「右肩」。這時，左肩低點與右肩低點的股價會有對稱的現象。

（四）最後，股價從右肩的低點一路上升，突破了左肩回升點與底部回升點兩點連接之「頸線」，乃形成了「頭肩底」的日K線圖。

二、W 底形態的打底

此種形態的打底，顧名思義，其盤整打底的形態有如英文字母的 W，它是經由下面兩個步驟所形成的（參閱圖3）：

（一）股價在空頭行情的末期時，一路下殺，血流成河，突然有一天股價獲得支撐，成交量增加，反彈回升至某一高點，

圖 3　W 底

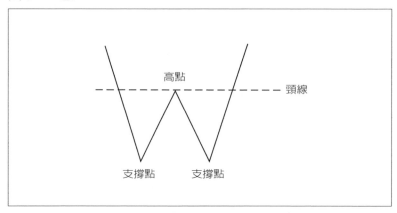

完成了 W 底前半段。

（二）然後，股價又從高點下滑，跌到上次的底部附近又獲得支撐，再度反彈，上升的幅度越過前次的高點（亦即從高點畫出與兩支撐點平行的頸線）。不但完成了二度探底，也完成了 W 底的後半段，形成了一個完整的 W 底。

W 底形態的打底，有下列三點特色：

（一）W 底兩度探底的支撐點相當，經常形成對稱的現象。

（二）股價與成交量常出現同步的現象，即價跌量縮，價漲量增，這表示已經把浮額清洗得差不多，買盤的力量正逐漸增強之中。

（三）第二次的反彈必須有效地突破頸線，否則仍處打底階段，有可能形成有第三個支撐點的三重底形態。

三、島狀反轉形態的打底

此種形態的打底，顧名思義，其盤整打底過程中，日 K 線

塑造出一個有如孤島般的形態，它是經由下面四個步驟形成：

（一）股價在空頭行情的末端，一路下殺，最後產生一面倒賣出的現象，亦即急殺賣出的跳空大跌，於是在日 K 線圖上出現一個缺口，或稱之為空方的竭盡缺口。

（二）然後，股價不再下跌，形成狹幅震盪整理，期間有時是十幾個交易日，有時是二十幾個交易日。

（三）最後，突然有一天，產生一面倒買進的現象，亦即搶價買進的跳空大漲，於是在日 K 線線圖上又出現一個缺口，或稱之為多方的突破缺口。

（四）從日 K 線去看，從大跌的空方竭盡缺口與大漲的多方突破缺口之間，形成了一個非常明顯的孤島，並完成了一個島狀反轉的打底。

再舉台股 31 年來的實例來解說：

一、1990 年 10 月 2485 點的打底是 W 底兼頭肩底形態的混合打底，總共花了 62 個營業日。

（一）W 底：其第一個底部在 2524 點（1990 年 10 月 4 日），第二個底部在 2485 點（1990 年 10 月 12 日），頸線在 2895 點，而 1990 年 10 月 20 日那根上漲 168 點的紅 K 棒有效突破頸線，W 底宣告成立。

（二）頭肩底：其左肩低點在 3021 點（1990 年 8 月 25 日），右肩低點在 3016 點（1990 年 11 月 2 日），底部在 2485 點（1990 年 10 月 12 日），頸線在 3700 點左右，而 1990 年 11 月 13 日那根上漲 236 點的紅 K 棒有效突破頸線，頭肩底宣告成立。

二、2001 年 9 月 3411 點的打底是島狀反轉形態的打底，空

郭 語 錄

股價在下跌的空頭行情中一路下滑，不知底在哪裡，經過多次下跌至某價位區即止跌回升，此種舉動稱之為「探底完成」。

方的竭盡缺口在 3693 點（2001 年 9 月 20 日）與 3607 點（2001 年 9 月 21 日），多方的突破缺口在 3618 點（2001 年 10 月 9 日）與 3716 點（2001 年 10 月 11 日），而 2001 年 10 月 11 日那根上漲 171 點的紅 K 棒宣告島狀反轉成立。（參閱附錄的附圖 7）

　　三、2008 年 11 月 3955 的打底是頭肩底形態的打底，其左肩低點在 4110 點（2008 年 10 月 28 日），右肩低點在 4164 點（2009 年 1 月 21 日），底部在 3955 點（2008 年 11 月 21 日），頸線在 4817 點，而 2009 年 3 月 13 日那根上漲 142 點的紅 K 棒有效突破頸線，宣告頭肩底打底成功。（參閱附錄的附圖 8）

20

第 8 個訊號

月 KD 值跌到 20 以下盤旋，形成黃金交叉

這是大盤落底的第八個訊號。

KD 線全名為「隨機指標 KD 線」，是由英文 Stochastics KD Linc 翻譯而來，原來是歐美期貨市場的技術分析工具，因為它結合了移動平均線中移動線與股價的互變關係，RSI 超買與超賣的概念以及量能的變化等優點，準確性高，因此被借用到股票市場來。

K 值是快速變化的數值，D 值是慢速變化的數值，個別連接起來即成為 K 線與 D 線，合稱為 KD 線。其應用原則如下：

一、日 K 值最大是 100，最小是 0。日 K 值若大於 80，表示處在超買區；日 K 值若小於 20 附近，表示處在超賣區；日 K 值若游走於 50 附近，表示處在盤局。

二、日 K 值若處於 80 附近的超買區，KD 線從向上的趨勢轉而走平，甚至日 K 線向下交叉日 D 線時，這是股價走軟的訊號，應賣出。

三、日 K 值若處於 20 附近的超賣區，KD 線從向下趨勢轉

而走平，甚至日 K 線向上交叉日 D 線時，這是股價走堅的訊號，應買進。

四、於高檔時，股價繼續上漲，日 K 值卻不再創新高，這是股價與 KD 線發生背離的現象，表示行情隨時可能反轉，應及時尋找賣點。

五、相反的，於低檔時，股價繼續下跌，日 K 值卻不再創新低，這也是股價與 KD 線發生背離的現象，表示行情隨時可能反轉，應及時尋找買點。

不過，上述五個應用原則僅適用在短線的進出，若尋找大盤的底部區，一定得要從月 KD 值去研判。

通常在大多頭行情中，股價經常漲完仍再漲，這時日 K 值會逗留在 80 左右約一、兩個月；相反的在大空頭行情中，股價也會跌完仍再跌，這時日 K 值會逗留在 20 左右約一、兩個月。所以，用日 K 值甚至週 K 值來研判長期趨勢定會誤判。

根據台灣股市以往 31 年的實際經驗，當大盤的月 K 值跌落到 20 以下，經過一段盤整期之後，必定會展開一波多頭行情。

從 1987 年 1 月至 2018 年 1 月的 31 年裡，台股月 K 值破 20 一共只有七次。

第一次是在 1990 年 8 月，盤整了 2 個月，到 1990 年 10 月就起漲。

第二次是在 1992 年 9 月，盤整了 5 個月，到 1993 年 2 月才起漲。

第三次是在 1995 年 8 月，盤整了 8 個月，到 1996 年 4 月才起漲。

第四次是在 1998 年 12 月，盤整了 3 個月就起漲。

第五次是在 2000 年 10 月，盤整了 3 個月就起漲（此次比較不同，漲兩個月後又跌了一大段）。

第六次在 2001 年 6 月，盤整了 5 個月，到 2001 年 10 月才起漲。

第七次在 2008 年 9 月，盤整了 6 個月，到 2009 年 3 月才起漲。

觀察前面七次的歷史經驗，可得出下列結論：

一、大盤月 K 值跌到 20，表示股價指數已經接近底部區，但仍未到底部區。

二、月 K 值到達 20，股價仍會下跌，而且盤整期可能長達 8 個月，這就要考驗投資人的耐心與毅力，能否承受得住這麼長時間的折磨。

三、月 KD 在 20 附近形成黃金交叉時，亦即月 K 線在 20 附近向上交叉月 D 線時，這就可以確認大盤由空翻多了。

四、經常大盤月 KD 尚未在 20 附近形成或黃金交叉，但有些股票已經領先大盤在 20 附近形成月 KD 黃金交叉，這些股票走勢強於大盤，乃是買進的首選。

21

第 9 個訊號

利用期指價格發現的功能
確認底部區

所謂「期指」，指的是台指期與摩台指。前者是由台灣期交所推出，後者是由新加坡國際金融交易所推出。

目前台指期與摩台指每日成交量均達十萬口左右，而且它是以台灣股票市場未來某一特定點的指數（譬如說一或兩個月後）為交易標的物之期貨契約，因為它有領先台股現貨（即大盤）的功能，所以可以用來確認底部區。

一般人會認為，期指的標的物乃是台股現貨的大盤指數，既然是先有現貨的指數，之後才有期貨的契約，基於因果關係，台股期貨的指數應該跟隨著台股現貨大盤的指數。但事實上剛好相反，在一個成熟的股票市場中，期貨的指數往往領先現貨大盤的指數，這也就是一般所說期貨指數有「價格發現」的功能。

由於期指具備了高財務槓桿、低交易成本、高流動性等特性，許多法人與大戶拿來當做避險與套利的工具；而這些人對未來盤勢反應之靈敏，遠勝於一般散戶，因此指數期貨常會領

先大盤現貨。此外，期貨交易的是未來的股價指數，其中隱含
對未來指數的預期反應，因此會領先現貨指數。

　　以艾略特波浪理論的八波段走勢中，走到空頭行情的第八
波（即殺 C）時，市場普遍非常悲觀，期貨的跌勢應該會領先
現貨；然而若發現現貨續創新低，而期貨卻沒有創新低，依其
價格發現的功能，即透露出底部形成的徵兆。

　　舉個實例，台股第三次循環的第八波 (即 C 波) 是從 2008
年 5 月 20 日的 9309 點往下殺，到了 2008 年 11 月 21 日創新低
3955 點，跌破 2008 年 10 月 28 日的波段低點 4110 點，但是台
指期 11 月 21 日的低點 3815 點，並未跌破 10 月 28 日波段低點
3811 點，事後證實 11 月 21 日 3955 點就是第八波的最低點，也
是台股第四循環的起漲點。

郭 語 錄

期指發現的功能很好
用。

22

第 10 個訊號

股價超跌，本益比呈現
物超所值的倍數

本益比又稱「價益比」，那是每支股票市價與其預估稅後純益之比，也就是每支股票的市價除以其預估稅後純益所得的數目。

以台泥為例，假設它的每股預估稅後純益是 2 元，當股價是 14 元時，14 元除以 2 元得出本益比為 7；當股價是 20 元時，20 元除以 2 元得出本益比為 10；當股價是 30 元時，30 元除以 2 元得出本益比為 15。由此可知，本益比愈少的股票，愈值得買進。

那麼，本益比多少時才可以買進呢？這跟當時的銀行年利率有關，當年利率為 10％時，本益比 10 左右可以買；當年利率為 6％時，本益比 17 左右可以買；當年利率為 3％時，本益比 33 左右可以買。2009 年初，台灣銀行的年利率只有 1.5％，本益比 67 左右可以買。

上述這些本益比的數字又是如何算出來的呢？以目前銀行 1.5％的年利率來說明，拿 100 萬到銀行定存生息，依 1.5％的年利率可得到 1 萬 5,000 元的利息，這時本金跟利息之比為 100 比

1.5，也就是 100 除以 1.5 得 67（實際為 66.6，四捨五入變成 67）。若把這 100 萬拿去買股票，當這支股票的本益比 67，每股預估稅後純益 1.5 元時，投資股票的利潤就會跟 1.5％的年利率相當。

同理亦可算出，年利率 10％時，本益比合理數為 10；年利率為 6％時，本益比合理數為 17；年利率為 3％時，本益比合理數為 33。

以目前 1.5％的年利率，本益比 67 就是合理的數字，而當前台股許多績優股本益比都在 10 左右，甚至更低，這代表股價超跌，本益比已經達到物超所值的倍數。

投資人在本益比呈現物超所值的倍數時買進時，有下列的優點：

一、投資人在此時買進高殖利率的績優股，績優股的長期獲利有基本盤，長期持有的話，每年配股與配息的收入必定是銀行定存利息的好幾倍。

二、由於是以超低的本益比買進股票，其股價必定偏低，再加上是長期持有，除了能賺到配股與配息之外，還能夠賺到股票上漲的差價。一般說來，此種價差的利潤要高出配股與配息許多。

三、由於是在底部區買進股票，不用擔心股票的漲跌，也不用每天到號子去看盤，等待有波段漲幅之後再做處理。

郭 語 錄

低本益比的股票風險較低，股價也較具上漲的空間。

23

第 11 個訊號
股神巴菲特進場買進時

華倫·巴菲特（Warren Edward Buffett）不但是美國專業基
金經理人最尊敬的投資大師，而且也是全球首富。他因
睿智的投資，長期賺取龐大的財富，被尊稱為股神。

他在 1956 年以 100 美元投入股市，37 年後（1993 年）擁
有 80 億美元的資產，到了 2008 年更以 620 億元淨資產，成為
世界首富。

1965 年以來，巴菲特經營的波克夏哈薩威公司（Berkshire
Hathaway），每年均以 30％以上複利成長，其投資策略主要包
括下列三點：

一、堅持價值導向的選股

股票之價值導向的基本理論就在：任何股票不論股價怎麼
漲或怎麼跌，從長期觀察，股價必定會反應其真實的價值。（請
參閱 72 節之〈醉步理論〉）

基於價值導向選股，當巴菲特分析出某支股票的市價遠低
於其真實價值時，即大筆敲進。所謂真實價值，包括：公司的
淨值、營運狀況、獲利能力、發展遠景、經營者的能力與操守
等等。

巴菲特每次進出股市，都會不斷提醒自己，在股市裡買的不是股票，而是發行股票這家公司的真實價值。

二、長期持有

巴菲特選擇股票，除了上述的真實價值之外，也非常重視公司長期的成長性，他最喜愛具有持久性競爭優勢的優質企業，因此，被他看中的股票，一抱就是好幾年。

舉例來說，他所投資的可口可樂、吉利公司、麥當勞等，均採取好幾年的長期投資，獲利可觀。

三、絕不投機搶短

巴菲特是以經營者的心態在買股票，經營者重視的是公司經營的長期利益，所以巴菲特買進股票之後，從不去關心每天股價的漲跌，他更不會為賺取差價而去投機搶短線。

換言之，巴菲特在買進一支股票之後，視之如同寶貴的金雞母，要耐心等待牠不斷地生出金雞蛋，絕不會為了投機賺取小小的差價而去殺雞取卵。

巴菲特擁有一流的分析團隊，投資股市多年來無往而不利，因此當他進場買進時，就可視之為底部區的重要訊號。

2008 年美股大跌，巴菲特是在 2008 年 10 月間道瓊工業指數 8000 點左右進場。道瓊在巴菲特買進之後，一路走跌，不但跌破 2002 年 10 月的起漲點 7197 點，一直跌到 2009 年 3 月的 6469 點才止跌。由此觀之，美股在巴菲特買進之後，道瓊跌破起漲點 7197 點之時就是絕佳買點。

郭 語 錄

當股神巴菲特都已經進場買股時，你還猶豫什麼？

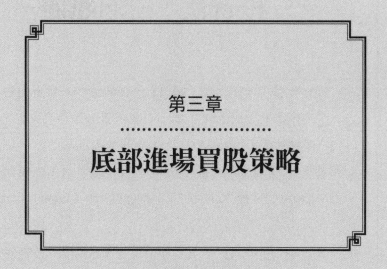

第三章

·························

底部進場買股策略

逮到底部區之後，就要大膽地分批買進。

一旦買進之後，抱牢持股，絕不輕易出脫。

一直要到多頭行情結束，頭部出現時才果斷賣出。

24
三三三投資法

你已經逮到大盤的底部區，準備要進場買股了。首先你要考慮的是，要拿多少錢去買呢？

在回答此問題前，我先問你一個問題。假設你手頭上有 1,000 萬的存款，你已經退休了，請問你將如何處理這 1,000 萬呢？

第一種可能情況，因為你是非常保守的投資人，你把這筆錢全部存在銀行的定存裡，希望能靠利息過活。

糟糕的是，目前台灣定存的年利率只有 1.5％左右，亦即 1,000 萬定存，一年只有 15 萬的利息，平均每個月只有 1 萬 2,500 元，根本不夠開支。

還有一項壞處，受到通貨膨脹的影響，你的存款將逐年貶值。台灣近年來的通貨膨脹率大約是 2％。我們假設未來每年的通貨膨脹率仍舊是 2％的話，你那 1,000 萬的定存，10 年後將貶值為 817 萬元，20 年後將貶值為 668 萬元，30 年後將貶值為 545 萬元。因此，把錢存在銀行裡，短期看來是最安全的，可是從長期看來卻是最危險的。

第二種可能情況，把這筆錢孤注一擲，全部拿去買股票，許多前人的慘痛教訓告訴我們，這樣做太危險了，因為購買股票屬於高風險的投資，不論股市崩盤或是企業經營倒閉，都會

使你損失慘重。

　　我建議你採取第三種方式，即三三三投資法，就是把你的1,000 萬平分為三份，333 萬存在銀行，333 萬投資不動產，333 萬拿去購買股票。

　　分散投資的用意在分散風險。存在銀行的三分之一是你的生活費、養老金、保命錢，不管任何情況之下，絕對不提領出來。三分之一購買房地產，那是做不動產的中長期投資，不僅可防止貶值亦可增值。

　　至於購買股票的三分之一，有賺當然最好，萬一套牢了，因為是自有資金，就抱牢長期抗戰。再不幸，縱使企業倒閉了，手中的股票變成廢紙，頂多損及你三分之一的財產，不至於影響你的生活。

　　切記，請拿三分之一的錢去買股票就好了。

25
用艾略特八波段概念操作

筆者在第 13 節中提到艾略特的波浪理論，台股永遠呈現如波浪般的八個波段走勢，而且它與大自然的春夏秋冬等四季一樣，永遠周而復始、不斷地循環。

既然我們知道股價永遠呈現八波段地循環，而且知道前面五波段是多頭行情，後面三波段是空頭行情，那我們當然要運用八波段的概念去操作，亦即在第八波跌完、第一波剛要起漲之處大膽買進。

回顧台股 31 年來，一共有三個完整的八波段循環。

一、第一個循環是從 1987 年 1 月的 1039 點起漲，多頭行情的五波走到 1990 年 2 月的 12682 點結束，接下來空頭行情的三波，從 12682 點跌到 1990 年 10 月的 2485 點，完成一個完整八波。（參閱附錄的附圖 9）

二、第二個循環是從 1990 年 10 月的 2485 點起漲，多頭行情的五波走到 1997 年 2 月的 10256 點結束，接下來空頭行情的 ABC 三波，再從 10256 點下跌到 2001 年 9 月的 3411 點，完成另一個完整八波。（其中空頭行情 B 波高點 10393 點越過 10256 點，請參閱附錄的附圖 10。）

三、第三個循環是從 2001 年 9 月的 3411 點起漲，多頭行

情的五波走到 2007 年 10 月的 9859 點結束，接下來空頭行情的三波，從 9859 點下跌到 2008 年 11 月的 3955 點，完成另一個完整八波。（請參閱附錄的附圖 11）

四、第四個循環是從 2008 年 11 月的 3955 點起漲，多頭行情的五波走到 2018 年 1 月的 11270 點結束。

我們只要運用艾略特所發明的八波段概念去操作的話，當然就會掌握第一個循環起漲點 1039 點，第二個起漲點 2485 點，第三個起漲點 3411 點以及第四個起漲點 3955 點時買進，並且抱緊持股，絕不輕易出脫。

運用艾略特八波段的概念去操作時，下列五點必須特別留意：

一、一定要看代表趨勢的月 K 線，有關此點在第 13 節已講述，此處不再重複。

二、每一個八波段循環的時間長短不定。以台股為例，第一個循環只有 3 年 10 個月，第二個循環長達 11 年，而第三個循環則有 7 年 3 個月。這跟當時的經濟景氣有關。

三、多頭行情一二三四五的五波走得時間較長，空頭行情 ABC 的三波走得時間較短。以台股為例：

（一）第一個循環裡，多頭行情走了 3 年 2 個月，空頭行情走了 9 個月。

（二）第二個循環裡，多頭行情走 6 年 11 個月，空頭行情走了 4 年 2 個月。

（三）第三個循環裡，多頭行情走 6 年 2 個月，空頭行情走了 1 年 2 個月。

（四）第四個循環裡，多頭行情走 9 年 3 個月。至 2018 年 2 月底為止仍在做頭，盤勢仍未走空。

四、從歷史經驗可知，空頭行情下殺的 A、B、C 三波較容易辨識。要買進股買，只要看出空頭行情的底部區，而後大膽分批買進，持股緊緊抱牢即可。

五、本節可以說是本書最重要的部分。從艾略特八波段的循環走勢中，我們才能清晰地找到目前大盤股價所處的位置。若處在底部，則大膽買進；若處在頭部，則果斷賣出；若處在中部，則觀望，不買也不賣。

26
大膽分批買進

股市的投資人都希望買到最低點，這也是買股獲利的不二法門，可是買到最低點幾乎是不可能的事。比較可行的做法是：在底部區分批大膽買進。

以往的經驗告訴我們，縱使大盤出現第二章所說的 11 個底部區的訊號時，投資人卻仍然躊躇不前，為什麼會如此呢？原因有二：

第一是因為跌怕了。投資人歷經空頭行情狠狠三波的下殺之後，有的被斷頭，有的受傷慘重，損失不貲，這時要他們再拿錢出來買股實在困難。另一部分受傷輕微的投資人，害怕買進之後，立刻下跌賠錢，故也不敢買。

第二是認為股價還會往下探底，還有更便宜的貨好撿，白白喪失大好買進的時機。等到股價探底成功、反轉上揚時，心想：「前幾天的便宜價我都沒買了，現在怎麼能夠出手呢？」由於不平衡心理的作祟，一誤再誤，就讓寶貴的賺錢機會從眼前溜走了。

要克服上述的心理障礙，就得採用分批買進的方法。既然有明顯的 11 大訊號告訴我們此處就是底部區，就應該大膽地分

批買進，這個方法比較能克服恐懼感，比較敢去承接。

分批買進還有另一個好處是，萬一買進之後股價繼續下跌，投資人仍持續往下分批買，經過多次分批買進之後，股價平均下來亦是距離最低點不遠。

27
勇敢攤低成本

郭　語　錄

切記，只有在底部區
買進的股票，才可以
加碼攤平。

投資人在底部區買進股票之後，當然希望股票會上漲，但股價撲朔迷離，萬一在底部區買進之後，不漲反跌，這時就要勇敢地去攤低成本了。

攤低成本有下列兩種做法：

一、平均加碼攤平

這是指買進股票後，股價下跌，待股價跌到相當程度，再買進相同數量的股票攤低成本。

舉例來說，假設投資人於 2008 年 10 月 7 日以每股 50 元買進台積電 10 張（即 1 萬股）後，股價下跌。當股價於 2008 年 10 月 24 日跌到 40 元時，再買進 10 張。這麼一來，這 20 張台積電的平均成本降低到 45 元（50 元加 40 元後，再除以 2）。當然股價回升至 45 元時，就不虧本了。

二、倍數加碼攤平

這是指買進股票後，股價下跌，待股價跌到相當程度，再加倍買進股票以攤低成本。

舉例來說，假設投資人於 2008 年 10 月 7 日以每股 50 元買進台積電 10 張（即 1 萬股）後，股價下跌。當股價於 2008 年 10 月 24 日跌到 40 元時，再買進 20 張。這麼一來，這 30 張台

積電的平均成本降低為 43.3 元，其計算方式為：((50 元 × 10) + (40 元 × 20)) ÷ 30 = 43.3 元，當股價回升至 43.3 元時，即不虧本。

不過，投資人在攤低成本時，必須有下列兩個先決條件：

一、投資人必須有充裕的資金，以備多次攤平之需。 只要是在底部區買進，要加碼攤平，即使短期被套，長期仍然獲利可期。

二、一定要在底部區買進的股票，當股價再下跌時，才可以攤低成本。 如果處在頭部區或空頭行情時，千萬不可加碼攤平。在頭部區或是空頭行情時，當股票套牢時，若分批攤平，只會愈攤愈平，最後必定不可收拾，這一點必須特別小心。股票名著《蘇黎士投機定律》再三告誡投資人「絕不要用向下承接的攤平法挽救沒有希望的投機」，指的正是處在頭部區或是空頭行情時的狀況。

28
只進不出，持股抱牢

只進不出操作法又稱為只買不賣操作法，顧名思義，那是一種只有買進不賣出的操作方法，是由《理財聖經》一書的作者黃培源所提出的。

黃培源是美國柏克萊加大企管博士，曾任台灣東海大學企管所所長、美國東西證券公司副總裁、美國美林證券公司投資管理師，他認為投資股票的策略非常簡單，只有九個字，那就是：隨便買、隨時買、不要賣。

一、隨便買

黃培源認為，只要能分散風險，隨便選購 10 種以上的股票，那麼未來股票投資報酬率就會接近整個股市的平均報酬率。

二、隨時買

黃培源認為，基於股票上漲與下跌的天數比大約是 55 比 45 的前提之下，買股票不用看時看日，也不用管未來股價的漲跌，只要有閒錢，現在就去買。

三、不要賣

黃培源認為，買進股票之後，就得長期持有，不要賣，因為昂貴的手續費與交易稅會侵蝕投資報酬率。

　　只進不出操作法獲利的關鍵就在：基於股票長期看漲的前提下，以「隨便買」與「隨時買」的策略分散風險，長期持有不賣，讓持股的投資報酬率接近於整體股市的平均報酬率。

　　這個方法非常適合在股價於底部區時使用，然而不可在頭部區使用。

　　舉例來說，投資人若是在 1990 年 2 月 12682 點附近「隨便買」與「隨時買」，或是在 2000 年 2 月的 10393 點附近「隨便買」與「隨時買」的話，縱使長期持有，很可能至今仍未解套，當然更談不上什麼投資報酬率了。

　　另外，此法亦不可用在空頭行情時，投資人若在空頭行情時一路的隨便買、隨時買，愈買愈多，愈套愈多，很有可能最終忍耐不住跌價的龐大壓力而悉數賣出，結果損失不貲。（實際經驗告訴我們，很少投資人承受得了空頭下殺的力道，最後都認賠賣出。）

　　說到「只進不出，持股抱牢」，使我想起一代投機大師傑西‧李佛摩在《股票作手回憶錄》中述及一段膾炙人口的故事。

　　有一個叫帕崔吉的投資人，在號子裡面與一位名叫哈伍德的投資人有一番精采對話。

　　「我建議你買的那支頂好汽車，你已經獲利不少了，我勸你暫時獲利了結，等到股價回檔時再接回來。」哈伍德好意地勸帕崔吉。

　　帕崔吉絲毫不為所動，只是淡淡地答道：「多謝你的好意，可是我不能賣出股票，你知道嗎？這是個多頭行情，為了這個經驗，我曾經付出昂貴的代價。」

　　這兩個人的對話，讓李佛摩感慨良多。他回想起自己的投

資經驗，雖然曾經多次看對多頭行情，並從底部區大膽進場，卻沒有賺到理論上應有的大利潤，問題就出在此暫時想要獲利了結的人性弱點上。一旦賣出股票，股價往上走，你就再也下不了手買回來。

李佛摩指出，看對行情逮到底部的人很多，但大都賺到小錢而賺不到大錢，問題出在底部區買進之後，做不到抱牢持股，縮手不動。只有像帕崔吉先生體會到「縮手不動」好處的人，才能賺到大錢。

李佛摩告誡投資人說：「在多頭行情裡，投資人只要做兩件事，就是買進和緊抱，然後忘記你擁有的股票，一直到你認為多頭行情即將結束為止。」

據筆者的觀察，只有在底部區低價買進的人，才比較有可能賺到整個大波段，一般中途進場的人，稍有利潤就溜了。

29

金字塔操作法

第 27 節裡提到，投資人在底部區買進股票之後，股價繼續下跌，這時就要勇敢地用攤平法來攤低成本。那麼，如果在底部區買進股票之後，股價不但止跌，而且持續上漲，而你又還沒買夠（本來你就打算分批買進），這時就得採取金字塔操作法。

此法的基本原則很簡單，只有「愈買愈少」四個字而已。當投資人在底部區買進一批股票之後，看到股價上漲，見獵心喜，常會得意忘形，瘋狂地加碼買進，這就種下危險之因了。此時應謹記「愈買愈少」的原則，分批買進，就錯不了。

股市裡流傳著一句名言：不論作多或作空都能在股市賺到錢，只有貪得無厭者例外。這句話深刻地說出「貪」字危害之大。然而，投資人就是因為貪財才會去買股，因此，要克制貪念根本不可能。而金字塔操作法就是專門對付貪念而設計的一套方法。

舉個實例來說明金字塔操作法。

假設某甲每股以 40 元買進台積電 30 張（即 3 萬股）；當股價上漲至 50 元時，某甲想加碼時，應再買 20 張即可；當台積電再上漲至 60 元時，某甲若想再加碼時，應再買 10 張即可。

（參閱圖4）

　　此種「愈買愈少」的金字塔操作法，雖然買進的成本逐漸提高，但由於買進的數量愈來愈少，全部60張的平均成本為46.6元，所以成本增加之幅度低於股價上漲的幅度，雖然是追高，但風險隨之降低了。

　　再以前例來說明，如果某甲是愈買愈多的話，假設每股先以40元買進台積電10張；當股價上漲至50元時，加碼再買20張；當股價上漲至60元時，又加碼30張，這麼一來，60張的平均成本變成53.3元，一旦風吹草動，股價回跌到50元，就吃不消了。

圖4　金字塔操作法（愈買愈少）

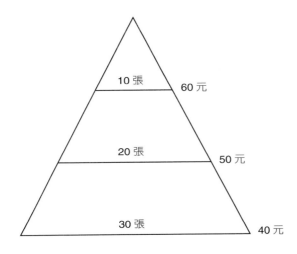

30
次低點買進法

所謂次低點買進法，顧名思義，乃是股價在多頭行情起漲之後，投資人因為錯失在底部買進機會，只求買到次低點的操作方法。

投資股票就是為了賺錢，如果能夠買到最低點，那是最好不過了。然而在實際的股票買賣經驗中得知，經常錯失最低點，所以才會有人研究出次低點買進的方法。

那麼，次低點在那裡呢？這仍然要從艾略特八波段循環中去找，從一個完整的八波段去看，月 K 線中第二波的低點就是我們所要尋找的次低點。

舉台股的實例來說明。

一、台股 31 年來第一個循環，是從 1987 年 1 月的 1039 點起漲，多頭行情的五波走到 1990 年 2 月的 12682 點結束，接下來空頭行情的三波，從 12682 點下跌到 1990 年 10 月的 2485 點，完成一個完整八波。

投資人若沒買到 1039 起漲點，可以在第二波的低點 2241（1987 年 12 月）買進，那裡就是次低點。（參閱附錄的附圖 12）

二、台股第二個循環是從 1990 年 10 月的 2485 點起漲，多頭行情的五波走到 1997 年 2 月的 10256 點結束，接下來空頭行

情的三波，從 10256 點下跌到 2001 年 9 月的 3411 點，完成另一個完整八波。（其中空頭行情 B 波高點 10393 點越過 10256 點）

　　投資人若沒買到 2485 起漲點，可以在第二波的低點 3098（1993 年 1 月）買進，那裡就是次低點。（參閱附錄的附圖 13）

　　三、台股第三個循環是從 2001 年 9 月的 3411 點起漲，多頭行情的五波走到 2007 年 10 月的 9859 點結束，接下來空頭行情的三波，從 9859 點下跌到 2008 年 11 月的 3955 點，完成另一個完整八波。

　　投資人若沒買到 3411 起漲點，可以在第二波的低點 3845（2002 年 10 月）買進，那裡就是次低點。（參閱附錄的附圖 14）

　　四、台股第四個循環從 2008 年 11 月的 3955 點起漲，多頭行情的五波走到 2018 年 1 月的 11270 點。此次循環的次低點是在 2011 年 12 月的 6609 點，投資人不易掌握（指次低點位置不夠明確）。

　　投資人在次低點買進還有一大好處，因為次低點就是第二波的低點，接下來就要走多頭行情的第三波，通常這是漲幅最大，時間走得也最久的一波。投資人只要抱牢持股，獲利會非常可觀。

　　以上都是從月 K 線中尋找次低點，除此之外，投資人亦可從日 K 線中尋找次低點。以最近的台股日 K 線為例，最低點很明顯的是 2008 年 11 月 21 日的 3955 點，而 2009 年 1 月 21 日的 4164 點就是次低點。

　　投資人若錯失 3955 點的買進機會，當次低點 4164 出現時，就要勇敢買進。

郭　語　錄

次低點也是一個很好的買點。

31

這樣去買股，永遠不虧錢

只要進入股市買過股票的人，人人都虧過錢。我就突發奇想問自己，有無什麼方法去買股，永遠不虧錢的嗎？

這必須從艾略特的波浪理論說起，股價在一個完整的如波浪般的八個波段走勢中，前面五個波段是多頭行情，而後面的三個波段是空頭行情。（參閱圖 5）

圖 5　艾略特八波段的完整走勢

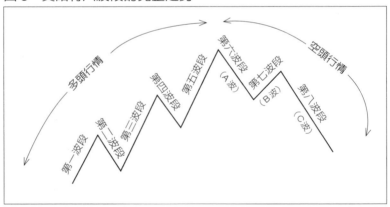

從圖 5 中，我們可以明顯看出來，在多頭行情的五個波段中，第一、第三、第五是上升走勢，而第二與第四波段則是回檔整理。

我們在艾略特八波段完整走勢的各個波段高低點處，分別標上 *a*、*b*、*c*、*d*、*e*、*f*、*g*、*h*、*i* 等九個英文字母，於是出現了圖 5-1。

郭 語 錄

底部區或次底部區買股，永遠不虧錢。

圖 5-1　艾略特八波段的完整走勢

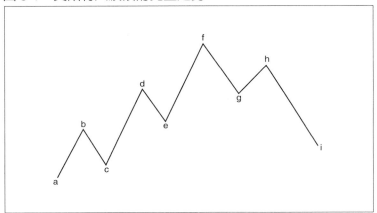

對照圖 5 與圖 5-1，我們發現只有 *a*、*c*、*i* 三個點可以進去買，因為：

一、*a* 是第一波段的起漲點，也是一個完整循環多頭行情的起漲點，為底部區。

二、*c* 是第三波段的起漲點，為次底部區。

三、*i* 是此一完整循環空頭行情的止跌點，同時，它又是另一個新循環的起漲點，亦為底部區。

四、*e* 是第五波段的起漲點，看起來是個買點，可是萬一此次循環多頭僅走三波（或走三波或走五波）的話，那麼買在 *e* 就有風險。

　　五、g 是第七波段反彈起漲點，為多頭的逃命波，只有藝高膽大者敢在此做多，若手腳不夠快極易套牢。

　　總之，投資人選擇 a、c、i 等底部區或次底部區去買股，永遠不會虧錢。

第四章

比技術分析更重要的
買股觀念

耐心等待是股市裡最重要的東西，
它比技術分析與基本分析都來得重要，
因為不論底部區的買進時機，
還是頭部區的賣出時機，
都需要長時間耐心地等待。

32

了解崩盤的可怕

美國股市最典型的崩盤，大概要數 1929 年 10 月的華爾街大暴跌與 2007 年 11 月的華爾街大崩盤。

一、1929 年 10 月華爾街大暴跌

美國股市從 1921 年 12 月開始，到 1929 年 10 月為止，持續了 95 個月的多頭行情，股價漲幅高達五倍。

就在 1929 年的 10 月 24 日（俗稱黑色的星期四），股價開始暴跌，不但結束了 95 個月的多頭行情，並且走入長達 33 個月的空頭行情，道瓊工業指數從 381 點暴跌至 36 點，下跌幅度高達九成。許多人在一夕之間傾家蕩產，並造成美國經濟大蕭條與三〇年代的全球經濟恐慌。

二、2007 年 11 月的華爾街大崩盤

美國股市從 2002 年 10 月開始到 2007 年 10 月為止，道瓊工業指數從 7197 點上漲至 14198 點，走完多頭行情的五波，漲幅約達一倍。

然後美股走入空頭行情，道瓊指數從 2007 年 10 月的 14198 點慘跌至 2009 年 3 月的 6469 點。

此次大崩盤最可怕之處在於，6469 點跌破了此次八波段循環中的起漲點 7197 點，其悽慘程度較 1929 年有過之而無不及

（1929 年並沒有跌破起漲點）。

反觀台灣股市，台股 31 年曾經歷經三次的崩盤：

第一次是在 1990 年 2 月，從 12682 點下跌到 1990 年 10 月的 2485 點，股價慘跌 80%。

第二次是在 2000 年 2 月，從 10393 點下跌到 2001 年 9 月的 3411 點，股價下跌 67.2%。

第三次是在 2007 年 10 月，從就 9859 點下跌到 2008 年 11 月的 3955 點，股價下跌 59.5%。

股市的崩盤，說白了其實就是艾略特八波段中空頭行情的三波下跌，因為跌得又急又猛，其過程極為慘烈，必定血流成河，故得其名。

台股 31 年三次的崩盤，表面上看來跌幅有差別（分別是 80%、67.3%、59.5%），若從其漲幅去衡量，其跌回的幅度非常相近。

第一次是從 1987 年 1 月的 1039 點漲到 1990 年 2 月的 12682 點，一共漲了 11643 點，而崩盤下跌了 10197 點（12682 − 2485 = 10197），跌幅達 87.6%（10197 ÷ 11643 = 0.876）。

第二次是從 1990 年 10 月的 2485 點漲到 2000 年 2 月的 10393 點，一共漲了 7908 點，而崩盤下跌了 6982 點（10393 − 3411 = 6982），跌幅達 88.3%（6982 ÷ 7908 = 0.883）。

第三次是從 2001 年 9 月的 3411 點上漲到 2007 年 10 月的 9859，一共漲了 6448 點，而崩盤下跌 5904 點（9859 − 3955 = 5904），跌幅達 91.6%（5904 ÷ 6448 = 0.916）。

　　表面看來，第三次崩盤跌幅最小（只有 59.5％），但若從原來漲幅去觀察，原來第三次的崩盤跌幅最大（高達 91.6％）。

33
80／20 法則

所謂「80／20 法則」，指的是宇宙許多事物的分配比率。譬如說，人體裡面液體與固體的比率大約是 80／20；全世界普通家庭與幸福家庭的比率大約也是 80／20；在一個社會裡面，庸庸碌碌與卓越傑出的比大約也是 80／20。

另有專家說，「80／20 法則」是指：人生之中各種美好的事物，有 80％操縱在 20％的少數人手中。

請看，在任何資本主義的社會中，一個國家 80％的財富集中在 20％的人之手中；一家公司 80％的股權控制在 20％的少數股東之中。

再看，一家公司 80％的業績掌握在 20％高竿的推銷員手中，而其餘 80％的推銷員則僅占有 20％的業績；許多行業 80％的業績掌握在 20％的公司手中，而其餘 80％的公司僅占有 20％的業績。

人與人之間，推銷員與推銷員之間，家庭與家庭之間，企業與企業之間，為什麼會有 80／20 的懸殊差異呢？

研究此問題的專家得到一個結論：如果把全國的財富平均分配給每一個人，不出數年必定又恢復到 80／20 的狀態。換言之，在 80／20 法則背後那隻看不見的大黑手，並非什麼神奇之物，而是每一個人不同智慧、機運與努力。

筆者之所以不厭其煩地解說「80／20 法則」，其目的就在告訴眾多投資人，「80／20 法則」也適用於股市，根據長期統計資料顯示，不論國內或國外，包括台灣、香港、大陸以及歐、美、日等先進國家，投入股市的散戶，八成是賠錢的，只有兩成是賺錢的。

假如您不相信這項統計結果的話，很簡單，你只要花點時間，對你身邊的股友做一個隨機抽樣調查，看看有多少人賠錢多少人賺錢，其結果必定也是 80／20。

當你知道此項殘酷的事實之後，你才會：

● 知道股市不再是發財的天堂，反而有可能是吃人的市場。
● 投入股市，深具風險的意識。
● 以敬畏的態度面對詭譎的股市。
● 知道要在股市賺錢十分困難。
● 用耐心與毅力等待底部區的到來，然後大膽地買進。

34
股市裡投資或投機皆可

股市裡的投資或投機有什麼差別呢？一般投資人根本搞不清楚。由於社會輿論都歌頌投資譴責投機，政府官員亦復如此，久而久之，眾口鑠金，大家就誤以為投資是好的，對的、高尚的，而投機就是壞的、錯的、卑劣的。

其實，股票是投資工具，也是投機工具。投資與投機並存於股市，無所謂好壞與對錯，更談不上高尚與卑劣，彼此分工互補，缺一不可。

我們可以從下列八點的比較，明顯地看出兩者的差別：

一、投資者比較重視的是股票配股配息，亦即其獲利能力。投機者比較重視的是股票的價差。

二、投資者低買高賣，重視的是股價的高低。投機者重視的是股價的漲跌，只要是會繼續漲的股票，股價雖高，照樣買進；再便宜的股票，研判不漲絕對不買。

三、投資者先求資金的安穩，再求投資報酬；投機者主要追求最大投資報酬，再求資金的安穩。前者低風險、低報酬；後者高報酬、高風險。

四、投資者購買股票會從經濟景氣、資金、利率、匯率、經營者能力、公司財務報表、新產品問世、公司獲利能力等長

期的基本面去考量，因此比較重視基本分析；投機者購買股票會從籌碼供需、人氣旺衰、土地資產重估、股權相爭、董監改選、軋空與否等短期市場面去考量，因此比較重視技術分析。

五、投資者買的是績優股，投機者買的則是投機股。

六、投資者長期持股，必須忍受時間的煎熬，需要的是耐心；投機者短線進出，必須眼明手快、藝高膽大，需要的是技巧。

七、投資者因為低買高賣，所以是在跌勢（空頭行情）中買進，在漲勢（多頭行情）中賣出；投機者則是漲勢（多頭行情）中買進，並在漲勢（多頭行情）中賣出，或是在跌勢（空頭行情）中先賣出（放空），並在跌勢（空頭行情）中回補，因此高買高賣或低賣低買。

八、投資者低買高賣，做多不做空，只能一頭賺；投機者多空都做，兩頭賺。

你在認清投資與投機的本質與差異之後，當你以投資的心態買進績優股之後，別怪它笨重漲得慢，原本它就是要長期才能看見其效果；當你以投機的心態買進投機股之後，也別怪它波動劇烈，一日之內從跌停拉到漲停，又從漲停打到跌停，此種大幅度的漲跌本來就是投機股的特色。不論是投資或投機，事前要先了解本質，擬定適合自己的策略與方式。

35
不要融資買股票

郭 語 錄

融資買股票就好比原本只能挑 100 公斤的擔子，卻去挑了 120 公斤的重擔，遲早會出事。

融資買股就是借錢買股。有人基於財務槓桿原理，想要以小搏大，於是擴張信用，借錢來買股票。筆者非常反對這麼做，因為融資買股的人，必須面對下列三個壓力：

一、利息的壓力

投資人若要融資買股票，最簡單的方式，就是向證券金融公司貸款或是丙種經紀人貸款。

向證券金融公司貸款，年息在 6% 左右；若向丙種（非法從事融資業務者）貸款，一般用四成的現金即可買進十成的股票，其中六成的股款向丙種借貸，年息 20% 左右。

不論向證券金融公司或是丙種貸款，投資人均須面臨利息的壓力。

二、斷頭的壓力

所謂「斷頭」，就是融資戶所繳的自備款，因股價下跌到自備款的某一成數時，證券金融公司或丙種經紀人不見融資戶補足差額，於是主動把融資戶的股票賣出的行為。

向證券金融公司融資買進股票之後，若股價下跌，而且整戶維持率不足 120% 時，如果融資戶沒在三天內補足差額的話，證券金融公司會自動把股票斷頭賣出。至於向丙種貸款，當股

跌幅達兩成，投資人若沒補足差額，就會被丙種斷頭殺出。

這是斷頭的壓力。

三、還款的壓力

融資都有一定的期限。證券金融公司融資的期限是半年，最長可再延半年。丙種則依雙方的約定。至於向銀行或民間貸款，期限到了就必須償還。

這是還款的壓力。

投資人在融資買進之後，在面臨利息、斷頭以及還款等三大壓力之下，情緒容易緊張焦慮而做出錯誤的決定。最常見的情況就是，在股價急速下殺時，融資戶常因害怕股價會繼續下跌而驚慌地賣出持股。

自用資金買進的股票，因沒有上述的三個壓力。即使股價下滑，較能控制得住情緒，並忍受得住跌價的折磨。

36
別輕易相信分析師的話

郭　語　錄

分析師會告訴你他操作成功的例子，不會告訴你他操作失敗的例子。

31 年來台灣股市蓬勃發展，分析師（俗稱財經專家或投顧老師）四處可見。不論在電視台、雜誌、報紙、電台，或是在券商與投顧公司，到處可看見或聽到他們在高談闊論。

這些分析師大約可區分為兩大類，一種是在電視台與報章開設專欄，並對外舉辦演講，但是不招收會員，俗稱的財經專家或名嘴；一種是向電視台買時間，每天在節目中解析大盤並剖析各股，偶爾舉辦公開講座，每天努力招收會員，俗稱的投顧老師。

他們言論的內容不外：

一、加權大盤的分析。

二、未來大盤走勢的預測。

三、個別產業的剖析。

四、國內外政經情勢對股市的影響。

五、各股的分析與推薦。

上述洋洋灑灑的內容中，一般投資人最關心的是第五項「各股的分析與推薦」。我們在分析師的演講會場，最常聽到的發問是：「請問哪一支股票可以買呢？」另外，投資人參加投顧

老師的會員，最主要也是希望分析師告訴他們什麼股票可以買。

問題是，這些分析師推薦的股票一定準嗎？

筆者在 30 年前投入股市時，跟一般散戶一樣，每天在股市收盤後，趕場到各券商去聽分析師的解盤。我坐在台下，望著他們站在講台上，衣著光鮮，滔滔不絕，講得頭頭是道，內心佩服得五體投地，心想：「這些股市的專家對行情的漲跌剖析得如此透徹，每個人一定都賺死了。」

後來在股市待過一、二十年，親自驗證過數位分析師的實力，也聽到有些分析師害得投資人傾家蕩產的消息，乃逐漸描繪出分析師正確的輪廓：

一、分析師是市場的解釋者，而非市場的預測者。他們無法準確地預測股票的漲跌，他們只是迎合群眾並遷就市場的解釋者罷了。我聽過某分析師因預測不準，害會員慘賠，被扒光關在籠子裡，送到山上餵蚊子。

二、任何人只要考上分析師執照（此執照不易考上），口才不錯，敢講敢 show，又能言之成理的話，就能當分析師。

三、散戶大都不太懂股票，渴望分析師提供意見與明牌。散戶對待分析師就像對待命理師一樣，都會牢記他們預測準確的那幾次，而會淡忘（或原諒）預測不準的那幾次。

四、分析師只是應股市的需要所產生的一種職業。不知道投資大眾有沒有想過，他們倘若每天都能準確地預測出某支股票的漲跌，那就待在家裡買賣股票，輕鬆地賺大錢，何必每天辛苦地寫稿、演講、解盤、招收會員，賺取這個辛苦錢呢？

五、股市每次做頭，都是分析師一致看好之時。台股最近

一次在 2007 年 10 月 9859 點的做頭，也是在所謂的財經專家與絕大部分的投顧老師看好之時。投資人若不相信筆者的話，只要找出 2007 年 10 月的報紙雜誌，白紙黑字，即證實筆者所言不虛。

　　我給投資人的建議是，分析師的話聽聽做參考就好了，做股票一定要有自己一套的進出準則，那才是勝負的關鍵。

郭 語 錄

你只要把分析師每天預測股票的漲跌做長期統計，很少分析師經得起這樣的考驗。

37
等待是投資人最需要的特質

先說一則故事。

有個小孩在草地上發現了一個繭，他撿回家，要看繭裡的蛹如何羽化成蝴蝶。

過了幾天，繭出現了一個小裂縫，裡面的蝴蝶掙扎了好幾個小時，身體似乎被什麼東西卡住了，一直出不來。

小孩於心不忍，心想：「我必須助牠一臂之力。」所以，他拿起剪刀把繭剪開，幫助蝴蝶脫繭而出，可是他的身軀臃腫，翅膀乾癟，根本飛不起來。

小孩以為幾小時後，蝴蝶的翅膀會自動舒展開來；可是他的希望落空了，一切依舊，那隻蝴蝶注定要拖著臃腫的身子與乾癟的翅膀，爬行一生，永遠無法展翅飛翔。

大自然的道理是非常奧妙的，瓜熟墜地，水到渠成；蝴蝶一定得在繭痛苦的掙扎，耐心地等待，直到翅膀強壯了，才會破繭而出。

耐心等待也正是投資人最需要的特質，那麼，投資人要在股市裡耐心等待什麼東西呢？

第一，是等待底部區的道來。從第 25 節中可知，每個八波

段的循環分別有 3 年 10 個月，有 7 年 3 個月，更有 11 年。換言之，一個底部區的到來也需要那麼多的時間需要耐心等待。

第二，在底部區買進之後，就必須耐心地等待頭部區的到來，在賣出持股。從第 25 節裡亦可知，從底部走到頭部，分別有 3 年 2 個月，有 6 年 2 個月，也有 6 年 11 個月，更有 9 年 3 個月，這也需要耐心等待。

第三，所謂一日頭百日底，打底的時間常常會多達數個月。股價必定是把投資人磨得受不了時，才會起漲。

德國投資大師安德烈·科斯托蘭尼曾說：「耐心是股市裡最重要的東西，在股市裡所賺的錢，往往不是靠頭腦，而是坐功。」這句話說得太有道理了。

38
人棄我取，人取我棄

此一買賣股票的重要觀念來自逆思考。當所有人一致看壞時，就是空頭行情走到底之時，你要看好；當所有人一致看好時，就是多頭行情走到頂之時，你要看壞。

逆思考的理財觀念，很可能源自 2500 年前春秋時代越國的名臣計然。

根據《史記》中貨殖列傳的記載，計然是位商業天才，他對越王勾踐分析貨物漲跌的道理說：「乾旱時應該一反眾人的方向去製造舟船，雨季時應該一反眾人的方向去造車子，這就是掌握貨物漲跌的道理。」

計然又說：「貨物跌到極限就會上漲，貨物漲到極限就會下跌。當下跌到極限時，必須把沒人要的貨物如珍貴的珠寶般迅速地買進來；當上漲到極限時，必須把屯積的貨物如低賤的糞土般迅速地賣出去。」

把計然這套理論轉換成股票就變成：股價跌到極限就會上漲，股價漲到極限就會下跌。當股價跌到極限，眾人一致看壞都要賣股票時，必須把沒人要的股票如珍貴的珠寶迅速買進來；當股價漲到極限，眾人一致看好急著要投資時，必須把股票如低賤的糞土般迅速賣出去。

為什麼所有人一致看壞時，就是空頭行情走到底之時呢？

理由有三：

一、當所有人一致看壞時，必定全面倒向空頭大量賣出，股價勢必因超賣造成超跌的現象。

二、當所有人一致看壞時，想賣的人都已經賣出，這時不但賣壓很輕，而且浮額很少。只要沒有任何賣壓能促使股價往下再跌之時，空頭就走完了。

三、這時空手的法人與大股東均伺機逢低買進。想要賣的少，想要買的多，需要面大於供給面，這時只要有個利多消息，就能促使股價往上漲。

為什麼所有人一致看好時，就是多頭走到頂之時呢？理由也有三：

一、當所有人一致看好時，必定全面倒向多頭總買進，股價勢必脫離本質造成超漲的現象。

二、當所有人一致看好時，市場上所有的資金都已經投入股市，這時已無其他資金可再推動股價上漲，當買氣用盡，彈盡援絕時，多頭就走完了。

三、當所有投資人總買進之後，並非抱牢持股，而是伺機賣出，大家都要賣，供給面遠超過需要面，這時只要有個風吹草動，勢必導致多殺多，股價崩盤急速下滑。

請牢記華爾街股市的一句名言：行情總是在絕望中誕生，在半信半疑中成長，在憧憬中成熟，在充滿希望之中毀滅。

39

逮住多頭行情中的主流股

台灣的股市依成交量而言，可區分為電子、金融、傳產等三大類。而傳產又包括了水泥、食品、塑膠、紡織、電機、電器、化工、玻璃、造紙、鋼鐵、橡膠、汽車、營建、航運、觀光、百貨等十六個類別。

在每一波上升行情中，必定是有一類別產業扮演主流股，帶領著大盤往前衝，它不僅是那一波的強勢股，而且必定是漲幅最大的類股。

以台股為例，第一次的多頭行情，是從 1987 年 1 月的 1039 點上漲到 1990 年 2 月的 12682 點。這一波多頭反應的是資金行情，以金融、營建、水泥、鋼鐵等為主流。

第二次的多頭行情，是從 1990 年 10 月的 2485 點上漲到 1997 年 2 月的 10256 點。這一波多頭反應的是電子業榮景，當然是以電子股為主流。

第三次的多頭行情，是從 2001 年 9 月的 3411 點上漲到 2007 年 10 月的 9859 點。這一波多頭反應的是原物料行情，是以水泥、食品、塑膠、紡織、鋼鐵、橡膠、運輸、觀光、化學生技等傳產股為主流。

投資人在每一次的多頭行情中，若沒逮到主流股的話，漲幅相對就比較有限了。以第三次的多頭行情來說：

一、水泥從 23.51 點上漲到 164.62 點，上漲 7 倍。

二、食品從 164.33 點上漲到 688.37 點，上漲 4.19 倍。

三、塑膠從 45.92 點上漲到 280.51 點上漲 6.1 倍。

四、紡織從 107.34 點上漲到 511.94 點，上漲 4.77 倍。

五、鋼鐵從 26.89 點上漲到 179.15 點，上漲 6.66 倍。

六、橡膠從 29.68 點上漲到 217.31 點，上漲 7.32 倍。

七、運輸從 26.34 點上漲到 146 點，上漲 5.54 倍。

八、觀光從 26.59 點上漲到 191.54 點，上漲 7.2 倍。

九、化學生技從 30.14 點上漲到 135.84 點，上漲 4.5 倍。

上述的主流股，漲幅最大的是橡膠、水泥、以及觀光，均達七倍以上，漲幅最小的是食品也有四倍。

我們再來看非主流股的電子與金融。

一、電子股是從 156.94 點上漲到 412.61 點，上漲 2.63 倍。

二、金融股是 488.66 點上漲到 1247.31 點，上漲 2.55 倍。

非主流所上漲的 2.6 倍左右當然不能跟上漲 7 倍以上的主流股相提並論。

通常每一次多頭行情的主流股，都跟當時的經濟情勢或是新興產業有密切的關係。第一次多頭，新台幣快速升值，資金泛濫，金融股成為主流乃順理成章之事；第二次多頭，電子乃是新興產業，呈現飛躍般成長，自然就是當時的主流股；第三次多頭，原物料大漲，當然就是以水泥、鋼鐵、塑膠、橡膠等原物料股為主流股。

> **郭 語 錄**
>
> 假如沒有逮住每一波多頭行情的主流股，很可能會造成「賺了指數，賠了股價」的結果。

　　台股第四次的多頭行情是從 2008 年 11 月的 3955 點上漲到 2018 年 1 月的 11270 點，以電子股為主流，其中以晶圓代工、手機概念、蘋果概念漲幅最大。

　　英國名經濟學家凱恩斯曾說：「投資股票就像選美一樣，不可只依自己的喜好，必須要考慮別人的看法。」

　　這句話的意思是說，在一場選美比賽，冠軍往往不是他認為最美的那位，而是大家都喜愛的那一位。他若要猜中何者是冠軍，千萬不能固持己見，而必須綜合大多數人的意見，命中率才會高。同理，在股市中若要選中一支會漲的股票，就必須拋開自己的喜好，多去考慮到大多數人的想法與喜好，命中率才會高。

　　選美與選股兩者不謀而合，有異曲同工之妙。

40
尋找多頭行情中的成長股

所謂成長股，指的是高成長性、高報酬率的股票。

若干股票上市公司在發展初期，業績平平，並不特別引人注目，但當潛力發揮出來之後，業績大幅成長，股價也隨著呈現倍數的成長。成長股與績優股有密切的關聯。績優股就是已經成長之後的成長股，而成長股則是尚未被發現，前程遠大的績優股。

舉例來說，1954 年的 IBM、1980 年的微軟、2004 年的 Google、1975 年的台塑、1987 年的國泰人壽、1997 年的台積電、2004 年的宏達電、2012 年大立光等，都是標準的成長股。

台灣還有一支最典型的成長股，即是 1992 年的鴻海。1992 年 9 月的鴻海股價只有 37.5 元，到 2000 年 3 月股價飆漲到 375 元，正好是十倍。若再加上這期間的配股，獲利高達百倍，即 1992 年投資鴻海 100 萬元，持股都沒有賣，到 2000 年才賣掉的話，就成為億萬富翁。聽來像是天方夜譚，但這是台股活生生的例子。

成長股具備下列三點特色：

一、公司獲利能力大幅攀升，乃是股價成倍數上漲的主要動力。以鴻海為例，其成長最關鍵的 1995 年至 1999 年，雖然

營業與股本均成長五倍，但衡量獲利能力的 EPS，長期都維持在 5.8 至 8.8 之間。

二、公司獲利能力的大幅攀升，大都與公司轉型、體質改善、降低成本、新產品暢銷、產品售價上漲等有密切的關係。

三、成長股是眾人追逐的目標，但找到的難度很高，往往可遇而不可求。

要尋找成長股，可參考下列三原則：

一、留意有前景的產業：以台灣為例，電動車、AI 人工智能、機器人、矽晶圓等為未來可能熱門的產業，投資可從上述的產業中去尋找。

二、分散投資，提高命中率。要選中成長股頗不容易，因此依產業的不同，分別各選一支，可提高命中率，因為成長股的投資報酬率高達十數倍，甚至數十倍，所以只要能選中一支就不得了。

三、長期持有，方能見效。成長股不可能買進後幾個月就見效，最快也要三、五年，最長可能需要十年，才能見到成長的效果。因此在買入之後，必須長期抱牢，耐心地等待。

四、除了上市與上櫃的股票，別遺漏興櫃的股票，成長股常常在興櫃中出現。

五、高成長的持續時間通常是短的，而且難以長期維持。高成長期間會享有比較高的本益比，一旦成長趨緩或衰退，股價及本益比會快速向下修正，要適時地依公司的獲利表現汰弱留強。

41
一定要設停損

郭 語 錄

投資股票，在想要賺錢之前，要先想到虧錢的事。

所謂設停損就是設立停止損失點，說得更詳細一點，乃是投資人買進股票之後，立刻設立一個認虧的停止損失點，當股價下跌到此一停損點時，毅然賣出，認賠了事的意思。

為什麼一定要設停損呢？因為每一個投資人都會看錯行情，犯下致命的錯誤。就舉 1900 年的投機大師李佛摩（著有《傑西‧李佛摩股市操盤術》一書）也曾犯此致命的錯誤。當時雖然經驗與直覺告訴他棉花要走入空頭，但他還是相信棉花專家的話，大筆敲進棉花期貨的多單。他同時做多棉花與小麥的期貨，小麥獲利豐厚，但棉花虧損累累，他非但沒有停損，還持續加碼攤平。他還把賺錢的小麥多單賣掉，不斷加碼向下探底的棉花，最後以慘賠數百萬美元收場，成為李佛摩一生最慘痛但也最寶貴的教訓。

設停損最大的好處在停損保本，當股價跌到停損點時，小賠賣出，保住老本，然後等待下一次獲利的機會。那麼，為什麼底部區買進也要設停損呢？這主要在增設一個安全瓣，萬一買錯了股票（別忘了，股票是高風險投資），才能有效止血，不致愈陷愈深，終至無法自拔而大傷元氣。

接下來，要怎樣設停損呢？有下列三個方法：

一、跌破一定的百分比

投資人在買進股票之後，就設下一定的百分比（譬如說：10％、20％或30％），當股價跌破自己事先所設的百分比時，毅然決然，認賠賣出。此法乾淨俐落，簡便易行。問題是百分比率很難拿捏，比率設太低，很可能賣到最低點（主力凶狠的洗盤常達20％）；比率設太高，又怕承受不了下跌的壓力。

二、跌破重要支撐點

這是根據技術分析上的支撐點為停損點。依技術分析而言，股價若走多頭，當滑落到重要支撐點時，就可吸引相當的買盤，使股價獲得支撐。倘若股價能止跌回穩，則應抱牢持股；倘若跌破重要支撐點，將會有另一波段跌幅，應即賣出股票，認賠了事。運用此法要有一定的 K 線操作程度，否則不易抓到重要支撐點。

三、當買進的理由改變時

假如投資人買進某家公司的股票，是著眼在該公司新產品暢銷（譬如小筆記型電腦的大賣）、產品售價飛揚（譬如鋼筋價格大漲）、公司轉型（譬如從製造半導體晶圓轉到太陽能矽晶圓），或是公司豐厚的配息能力，當這些買進的因素改變或消失時，即毫不猶豫認賠賣出。

談到善設停損，我就會想起一代投資大師安德烈·科斯托蘭尼的一句話。他說：「股市絕對不可能用科學的方法分析其中漲跌的道理。它是一門藝術，要能拆解它，除了經驗還是經驗。」

根據我30年的股市經驗，縱使我在底部區買進，還是會設

下 10％的停損。（當然非常有可能用不上。）假設我是在 2008
年底，大盤加權指數在 4000 點時買進的，當大盤跌破 10％，即
跌破 3600 點時，我還是會停損出場。

42

分清楚上漲與反彈、
下跌與回檔

在股市裡要從老手躍升到初段高手，必須學會的第一課就是：清楚分辨出上漲與反彈、下跌與回檔。

上漲與反彈都是股價的上揚，下跌與回檔都是股價的下滑，很容易混淆了，要分辨彼此的不同，必須先了解何謂反彈、何謂回檔。

反彈乃是股價在下跌行情中，跌深之後的一種技術性反應。換言之，股價雖然仍處於空頭走勢，但在跌深而且價穩量縮之後，必然會產生技術性反彈。不過，反彈結束後，股價依然走下跌行情。

至於回檔，乃是股價在上升行情中，漲多之後的一種技術性反應。換言之，股價雖然處於多頭走勢，可是在漲多之後遭遇獲利回吐的賣壓，必然會產生技術性回檔。不過，回檔結束後，股價依然走上升行情。

有關反彈與回檔，可用技術分析中的 RSI 與乖離率事先預測出來。當某支股票的 RSI 低於 20 或者 12 日乖離率達 –1% 時，反彈的機率就很高了；當某支股票的 RSI 高於 80 或 12 日乖離率達 +1% 以上時，回檔的機率就很大了。

另外，根據反彈與回檔幅度的大小，均可區分為下列三種：

一、強勢反彈與強勢回檔：反彈的幅度達下跌幅度的三分之二者，稱之為強勢反彈；回檔的幅度達上漲幅度的三分之二者，稱之為強勢回檔。

二、中度反彈與中度回檔：反彈與回檔的幅度中等，達下跌或上漲幅度的二分之一者。

三、弱勢反彈與回檔：反彈與回檔的幅度較弱，只達下跌或上漲幅度的三分之一者。

上漲與反彈可從下列三點去區別：

一、上漲行情是一個多頭走勢，趨勢明顯向上一路攀升，漲幅較長也較久。反彈行情只是暫時的彈升而已，反彈結束後趨勢依然向下，仍是空頭走勢。

二、上漲行情通常由多頭主力領軍向上攻，而反彈行情僅僅是空頭的回補罷了。前者漲幅大，時間久，打得是長期持久戰；後者漲幅小，時間短，不過是曇花一現而已。

三、反彈改變不了下跌的走勢。即使是強勢反彈，其彈升的幅度達下跌幅度的三分之二，但不會超過下跌幅度。

下跌與回檔亦可由下列三點去區別：

一、下跌行情是一個空頭走勢，趨勢明顯向下滑落，跌幅較長也較久。回檔整理只是暫時的下滑而已，回檔結束後趨勢仍舊向上，依然是多頭的走勢。

郭語錄

上漲不同於反彈，下跌也不同於回檔。

二、下跌行情通常是由景氣衰退或資金緊縮等因素造成的，跌幅大，時間久。而回檔整理通常是由短線賣壓或重大利空所造成的，跌幅小，時間短。

三、回檔改變不了上漲的趨勢。即使是強勢回檔，其滑落的幅度達上升幅度的三分之二，但不會超過上升幅度。

43

有時必須退出觀望

投資股票，除了買進與賣出之外，有時候必須退出觀望，休息一陣子，既不買也不賣。

為什麼必須退出觀望呢？因為股價的走勢除了上漲與下跌，還有盤整期，約占了 50% 以上。上漲行情時應當買進，下跌行情時應該賣出，那麼盤整行情時就應退出觀望，伺機而動。

造成股價盤整的原因有二：

一、多頭行情中的回檔整理

大勢確定走入多頭行情之後，股價不斷地向上攀升，上漲到某一高度，遭遇上檔的賣壓，形成回檔整理。

二、空頭行情中的反彈整理

大勢確定走入空頭行情之後，股價不斷地向下探底，當跌到某一程度，投資人在此買進，形成反彈整理。

不論多頭行情的回檔整理，還是空頭行情的反彈整理，投資人可能遭遇了下列兩種情況：

一、看不懂行情

股價在盤整時，上下波動的幅度有限，買方與賣方形成拉

鋸戰，投資人若是看不懂未來多空的走勢，研判不出上升或下跌時，乾脆退出觀望一陣子。

二、看錯行情

股票在盤整時，除了會看不懂行情之外，也會看錯行情。譬如：把多頭行情中的回檔整理，看成反轉下跌；或是把空頭行情中的反彈整理，看成觸底上升。若因看錯行情，動輒得咎，買了就跌，賣了就漲的話，不妨也退出觀望一下。

休息是為了走更長遠的路。當回檔整理結束，確定繼續走多頭行情時；或是當反彈結束，確定繼續走空頭行情時，才再投入買進或賣出。

第五章

....

你必須知道的技術分析

股價的走勢跟潮水的起落或四季氣候的變化一樣，
永遠不斷地重複，周而復始。
因此，投資人才能從中找到目前股價的位置，
而後依此做出正確地買進或賣出的動作。

44

道氏股價理論

道氏股價理論是股市最早、最有名也是最根本的技術分析理論，它是在 1900 年時，由美國人查理士‧道（Charles H. Dow）所發明的。

查理士‧道是紐約《華爾街日報》的創始人之一，也是道瓊工業股價指數（Dow Jones Industrial Average）創設人。他把每天的道瓊工業股價指數刊登在《華爾街日報》上，拿來當做每天市場總體經濟趨勢的晴雨錶。

道氏多年在海邊觀察潮水的起落與波浪的變化，終於領悟出一套顛撲不破的股價理論。其股價理論的原理並不複雜，就是把股價變化的情形，藉著潮水的漲落與波浪的起伏，加以解釋分析罷了。

道氏認為，股價的走勢有如潮水的起落。股市在多頭行情裡，就像海水的漲潮一般，一波一波洶湧而來，而且在漲勢中的波段行情，也像波浪一樣，一波比一波高，一波的峰頂高於前一波的峰頂，一波的峰谷高於前一波的峰谷。

相反的，股市在空頭行情時，就像海水的退潮一般，一波一波逐漸退去，而且在跌勢中的波段行情，也像波浪一樣，一波比一波低，一波的峰頂低於前一波的峰頂，一波的峰谷低於前一波的峰谷。

進一步說，股價的漲跌好比潮水的起落，怎麼來就怎麼去，而且漲多少就會跌多少；怎麼去就會怎麼來，而且跌多少就會漲多少，周而復始。至於在多頭行情的回檔震盪整理，或是空頭行情的反彈震盪整理，不過就像小波浪所激起的漣漪罷了，不足掛齒。

道氏基於人類行為有重複性，提出了兩項重要的假設：

第一、股價有遵循著一定趨勢行走的慣性，在沒有有力的證據來確認趨勢改變之前，應認定趨勢仍未改變。

第二、趨勢終將周而復始，因此觀察與分析過去的股價走勢，可以作為未來趨勢的參考依據。

針對第二點，華爾街投機大師李佛摩說過類似的話。他說：「歷史一再重演，華爾街上根本沒什麼新鮮事。今天，不管股票市場發生什麼事，以前都發生過，將來也會再度發生。」

此兩人的觀點，對我們根據過去股價走勢來研判未來股價的走勢，有重要的啟示作用。

道氏股價理論還提出了多頭行情的三波與空頭行情的三波，但其內容不若艾略特波浪理論清晰明確，參考意義不大。

今天去看道氏股價理論，似乎沒什麼了不起，但在一百多年前，用海水的漲潮與退潮來解釋股價的漲跌，並觀察出其周而復始的循環性，實在是非常偉大的創見。

此理論乃是股價技術分析理論的鼻祖，後來著名的艾略特波浪理論、趨勢線理論、扇形理論、移動平均線理論、股票箱理論等，全部脫胎自道氏股價理論。

郭　語　錄

道氏股價理論是所有技術分析的根本。

45

艾略特波浪理論

在第二章底部出現的 11 個訊號中，我們三次使用到艾略特波浪理論，一是月 K 線走完艾略特的八個波段，二是月 K 線走完八波段後股價盤整不再破底，三是月 K 線走完八波段後出現月紅 K 線。由此可見波浪理論在技術分析中的重要性。

波浪理論是在 1934 年時，由美國一位會計師艾略特所發明的。他以道氏股價理論為基礎，吸收了道氏用漲退潮來解釋股價的漲跌，與股價循環觀念，剖析了華爾街 75 年的股市，發明了八個波段循環的艾略特波浪理論。（參閱第 13 節）

他發現股價在一個完整循環中，呈現固定如波浪般的八個波段的走勢。前面五個波段是多頭行情，而後面的三個波段是空頭行情。在多頭行情的五個波段中，第一、第三、第五是上升，而第二、第四是回檔整理。在空頭行情的三個波段中，第六、第八是下跌，而第七則是反彈整理。（參閱第 69 頁圖 1）

換言之，在多頭市場的五波走勢中，奇數為上升波，偶數為下跌波；在空頭市場的三波走勢中，偶數為下跌波，奇數為上升波，八波段走完後，重新再來，周而復始。

根據艾略特的研究，他發現波中有波，在八大波段中，第一波又可分為五小波，第二波又可分為三小波，第三波又可分五小波，第四波又可分為三小波，第五波又可分為五小波，第

圖 6　艾略特波浪理論中的 34 個小波

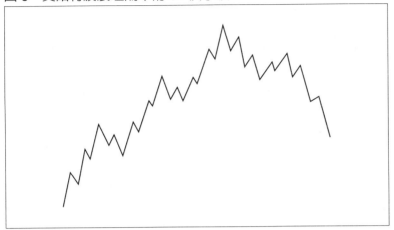

郭　語　錄

精心研究艾略特波浪
理論，即可依此找出
目前股價所處位置。

六波又可分為五小波，第七波又可分為三小波，第八波又可分
為五小波。這麼一來，八大波段就變成 34 個小波段了。（參閱
圖 6）

　　在實際運用波浪理論時，下列四點要特別留意：

　　一、波浪理論代表的是趨勢的循環，從月 K 線中可以找到
目前股價處在八波段循環中的位置。

　　二、多頭行情的五波段，有時會因景氣大好而延伸到九波
段，也會因景氣沒那麼好而只走三波段（這在個股更明顯）。

　　三、在日 K 線中，第一波與第四波不會重疊，這是鐵律。
但在週 K 線與月 K 線則不一定（這來自經驗法則）。

　　四、在上升行情的五個波段中，通常第三波段的漲幅最大
（常走延伸波）即使不是漲幅最大，也不會是漲幅最小（意思是
在第一、第三、第五波中漲幅最小）。

46

趨勢線理論

所謂的「趨勢線理論」，就是根據股價遵循一定趨勢行走的慣性，再依照股價上下變動來畫出一條線，從中找出買賣點。

投資人只要用心去觀察就會發現，每支股票行進的方向，不論在多頭行情或是空頭行情，並非直線，而是彎彎曲曲，上下起伏，但其中有脈絡可尋。畫趨勢線的目的，就是要依其脈絡尋找出恰當的買點與賣點。

趨勢線可分為以下降趨勢線與上升趨勢線，前者用來找買點，後者用來找賣點。

一、下降趨勢線

當股價處於空頭行情的末端時，連接股價波動的二個高點畫一條直線，這條直線就是下降趨勢線。（參閱附錄的附圖 15）

原則上，當股價突破這條下降趨勢線時，原來下跌趨勢的慣性被打破了，而股價突破這條下降趨勢線之後，回來整理股價又不跌破此趨勢線（原本壓力線變成支撐線），這時就是好買點。

在運用下降趨勢線找買點時，下列四點要特別留意：

（一）畫下降趨勢線時必須包含上影線。

（二）由第一高點與第二高點連接的原始下降趨勢線，與由第二高點與第三高點連接的修正下降趨勢線，這兩條最重要也最有參考價值。當股價突破原始下降趨勢線回測不破時，即應買進；當股價又突破修正下降趨勢線時，上漲趨勢確立，此處可再加碼。

（三）愈平緩的趨勢線，參考價值愈高；愈陡峭的趨勢線，參考價值愈低。最常見的趨勢線大都在 45 度左右。

（四）通常股價突破下降趨勢線之後，都會拉回來整理，這時只要股價不再跌破這條趨勢線，那裡就是好買點。

二、上升趨勢線

當股價處於多頭行情的末端時，連接股價波動的二個低點畫一條直線，這條直線就是上升趨勢線。（參閱附錄的附圖 16）

原則上，當股價跌破這條上升趨勢時，原來上漲趨勢的慣性被打破了，當股價跌破這條上升趨勢線後，就應賣出持股，這裡是好賣點。

在運用上升趨勢線找賣點時，下列四點要特別留意：

（一）畫上升趨勢線時，必須包含下影線。

（二）由第一低點與第二低點連接的原始上升趨勢線，與由第二低點與第三低點連接的修正上升趨勢線，這兩條最重要也最有參考價值。當股價跌破修正上升趨勢線時，即應分批出脫持股；當股價又跌破原始上升趨勢線時，表示下跌趨勢確立，應賣出全部持股。

（三）可是，如果股價一直不破修正上升趨勢線，代表上升的趨勢沒變，就不用賣出持股。

郭 語 錄

善用趨勢線，尋找買賣點。

（四）與下降趨勢線相同，愈平緩的趨勢線，參考價值愈高；愈陡峭的趨勢線，參考價值愈低。最常見的趨勢線大都在 45 度左右。

47

扇形理論

郭 語 錄

扇形理論簡明易懂，
是研判行情由空翻多
的有效工具。

所謂「扇形理論」，顧名思義，畫三條下降趨勢線成為扇形，而股價連續突破此三條下降趨勢線時，宣告日 K 線打底成功，空頭結束，行情正式翻多（參閱圖 7），這是確認底部反轉的有效工具。

以第 46 節的趨勢線理論與扇形理論兩者比較之下，後者比前者多畫了一條下降趨勢線，但是當股價突破扇形理論中的第

圖 7　扇形理論的扇形圖

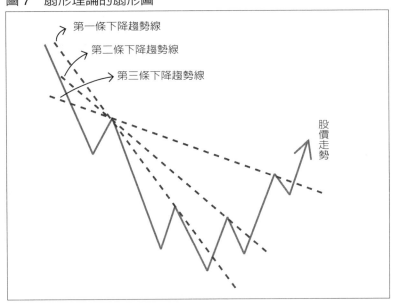

第一條下降趨勢線
第二條下降趨勢線
第三條下降趨勢線
股價走勢

三條下降趨勢線時，行情由空翻多更加確立。

我們在趨勢線理論線中曾提過，愈平緩的趨勢線，參考價值愈高。從前圖中可知，第三條下降趨勢線最平緩，故參考價值最高，當股價突破這條下降趨勢線時，多頭行情確立。

我們再用實際日 K 線畫出的扇形圖來說明（參閱附錄的附圖 17）扇形理論：

一、在空頭行情的末跌段，因為股價出現急跌走勢，故第一條下降趨勢線必定是陡峭的，但陡峭的第一條下降趨勢線不久就會被反彈的股價所突破。

二、股價突破第一條下降趨勢線之後數日，股價會被拉回，而此波反彈高點與最初的高峰連接形成第二條下降趨勢線。第二條下降趨勢線必定比第一條下降趨勢線來得平緩。

三、不久之後，股價會再突破第二條下降趨勢線之後再回跌，而此波反彈高點與最初的高峰連接形成第三條下降趨勢線。第三條下降趨勢線必定比第二條下降趨勢線更為平緩。

四、上述三條下降趨勢線發展的過程，其形狀有如一個扇子的展開，故稱之為扇形理論。

五、當股價突破第三條下降趨勢線時，可視之為趨勢反轉的有效訊號，因為此時整個打底過程已經完成。

六、投資人在運用扇形理論確認底部完成行情反轉，有一個必備的要件就是，日 K 線的走勢或是第三條下降趨勢線都必須非常平緩，否則容易誤判行情。若能配合第二章底部出現的 11 個訊號加以運用，那就十拿九穩了。

48
移動平均線理論

所謂「移動平均線」（Moving Average，簡稱 MA），就是以道氏股價理論當基礎，把一定期間的股價加以平均，接著畫出一條移動線，然後在移動線與股價的互動關係中，找出多頭與空頭的訊息，以及買進與賣出的訊號。

要畫移動平均線之前，得先訂出平均的期間，依目前台股正常營業天數與計算期間之長短，可區分為 5 日移動平均線（或稱週線）、10 日移動平均線（或稱半月線），20 日移動平均線（或稱月線）、60 日移動平均線（或稱季線）、120 日移動平均線（或稱半年線）、240 日移動平均線（或稱年線）。

在實際運用中季線、半年線、年線都比上述的日期要長，以 2009 年為例，年線是 251 日移動平均線（因為有 251 天營業日），換算下來，半年線則是 126 日移動平均線，而季線則是 63 日移動平均線。

那麼，要如何畫出移動平均線呢？以 5 日移動平均線為例，就是把第 2 日至第 6 日的股價加以平均，先求出一個平均點，而後再把第二日至第六日的股價加以平均，再求出另一個平均點。如此，每天都會得到一個平均點，把這些平均點連接起來，就成為 5 日移動平均線了。其他的 10 日、20 日、60 日、120 日、240 日等移動平均線，同理均可畫出。

一、多頭行情時，移動平均線的排列狀況

（一）5 日、10 日、20 日、60 日、120 日、240 日等移動平均線呈現多頭排列，亦即天數愈少者在最上面，天數愈多者在最下面，依次排列（參閱附錄的附圖 18）。

（二）5 日、10 日、20 日等三條移動平均線，呈現同一方向，有規則地往上走。

（三）日 K 線沿著 5 日移動平均線往上走，回檔整理通常不會跌破 20 日移動平均線。有時跌破 20 日移動平均線，會在 44 日移動平均線獲得有效支撐。

（四）5 日移動平均線會呈現 45 度角向上揚。

二、空頭行情時，移動平均線的排列狀況

（一）5 日、10 日、20 日、60 日、120 日、240 日等移動平均線呈現空頭排列，亦即天數愈多者在最上面，天數愈少者在最下面，依次排列。（參閱附錄的附圖 19）

（二）5 日、10 日、20 日等三條移動平均線，呈現同一方向，有規則地往下走。

（三）日 K 線沿著 5 日移動平均線往下走，反彈整理通常不會突破 20 日移動平均線。

（四）5 日移動平均線會呈現 45 度角向下跌。

三、盤整時，移動平均線的排列狀況

（一）5 日與 10 日移動平均線有時交叉向上突破 20 日移動平均線，有時交叉向下跌破 20 日移動平均線。

（二）5 日與 10 日移動平均線圍繞著 20 日移動平均線，呈

現上上下下不規則形態的走勢。

（三）日 K 線在區間內呈現波浪般走勢。

（四）20 日移動平均線呈現的角度平緩。

四、從移動平均線尋找買賣點

（一）股價走到空頭行情的第八波末跌段，當 60 日移動平均線（即季線）翻揚向上（即箭頭由↓變成↑），確認行情由空頭走向多頭。舉例來說，台股大盤 60 日 MA 在 2008 年 6 月 13 日走跌之後，到 2009 年 2 月 16 日翻揚向上，行情由空翻多。

（二）移動平均線呈現多頭排列時，5 日、10 日、20 日三線糾結，日 K 線向上穿越起漲（俗稱三線合一起漲）是好買點。

（三）44 日移動平均線是條神祕線，股價於多頭行情回檔整理時，若 20 日 MA 不守，常擋在此處，為多頭行情股價回檔整理的好買點。

（四）移動平均線呈現空頭排列時，5 日、10 日、20 日三線糾結，日 K 線向下穿越起跌（俗稱三線合一起跌）是好空點。

49

費波南希數列

所謂「費波南希數列」（Fibonacci Sequences），是指十三世紀數學家李奧納多・費波南希（Leonardo Fibonacci）在其所著《算學》（*Liber Abaci*）一書中記載的一系列神奇數字，這 些 數 字 包 含：1、1、2、3、5、8、13、21、34、55、89、144、233、377、610、987、1597…直到無限。

這些數字有三個神奇之處：

一、數列中任何一個數字，都是前面兩個數字之總和。$1+1=2$；$1+2=3$；$2+3=5$；$3+5=8$；$5+8=13$；$8+13=21$；$13+21=34$；$21+34=55$；$34+55=89$；$55+89=144$；$89+144=233$；$144+233=377$；$233+377=610$；$377+610=987$；$610+987=1597…$。

二、從 1 開始，任何兩個相鄰的數字平方後相加，必定等於後面的一個神奇數字。$1^2+1^2=2$；$1^2+2^2=5$；$2^2+3^2=13$；$3^2+5^2=34$；$5^2+8^2=89$；$8^2+13^2=233$；$13^2+21^2=610…$。

三、從 1 開始，任何兩個相隔的數字平方後相減，也必定等於後面的一個神奇數字。

$3^2 - 1^2 = 8$；$5^2 - 2^2 = 21$；$8^2 - 3^2 = 55$；$13^2 - 5^2 = 144$；

$21^2 - 8^2 = 377$；$34^2 - 13^2 = 987\cdots$。

這個看似十分簡單的數位係數，其中隱含大自然神奇的力量。其實老子《道德經》所云：「道生一，一生二，二生三，三生萬物。」早就告訴我們這個道理，只是我們沒發現罷了。

波浪理論的發明人艾略特把費波南希數列運用在股市裡面，結果發現這些數字對預測股價的漲幅與轉折點有很大的參考價值。

我們就拿台股來說明：

一、1982 年 8 月 421 點漲到 1990 年 2 月的 12682 點，剛好漲了 89 個月。

二、1985 年 7 月 636 點漲到 1990 年 2 月 12682 點，剛好漲了 55 個月。

三、1990 年 2 月的 12682 點跌到 1990 年 10 月的 2485 點，剛好跌了 8 個月。

四、1990 年 10 月的 2485 點漲到 1991 年 5 月的 6365 點，剛好漲了 8 個月。

五、1991 年 5 月的 6365 點跌到 1993 年 1 月的 3098 點，剛好跌了 21 個月。

六、1993 年 1 月的 3098 點漲到 1997 年 8 月的 10256 點，剛好漲了 55 個月。

七、1999 年 2 月的 5422 點漲到 2000 年 2 月 10393 點，也是漲了 13 個月。

八、2001 年 9 月的 3411 點漲到 2002 年 4 月 6484 點，也是漲了 8 個月。

九、2003 年 4 月的 4044 點漲到 2007 年 10 月的 9859 點，也是漲了 54 個月（只差 1 個月）。

十、2007 年 10 月的 9859 點跌到 2008 年 11 月的 3955 點，剛好跌了 13 個月。

十一、請注意，有時會相差一兩個月，1997 年 8 月的 10256 點跌到 1999 年 2 月的 5422 點，下跌了 19 個月，距離費波南希數列的 21，相差 2 個月。

十二、2000 年 2 月 10393 點下跌到 2001 年 9 月的 3411 點，下跌了 20 個月，距離費波南希數列的 21，相差 1 個月。

艾略特認為，從日 K 線去觀察，主漲與主跌推動波（第一、第三、第五、第六、第八等波）力道比較強勁，一般都持續到第 8、13、21、34 或 55 日才產生反轉；至於次跌與次漲的修正波（第二、第四、第七等波）的力道比較弱，大多在第 3、5、8 日反轉，很少能支撐到第 13 日。

50
黃金切割率理論

郭 語 錄

「黃金切割率」常被
分析師用來預測股價
的高低點，但其準確
性不高。

所謂「黃金切割率」，指的是一種和諧、神祕而又美妙的比率，也就是把「1」切割為 0.382 與 0.618 的比值。

其實，0.618 這個數字跟第 49 節費波南希數列中兩數相除有神祕的關係，請看：

13 = 21 = 0.169；21 ÷ 34 = 0.6176；34 ÷ 55 = 0.6181；

55 ÷ 89 = 0.6179；89 ÷ 144 = 0.618；144 ÷ 233 = 0.618；

233 ÷ 377 = 0.618；377 ÷ 610 = 0.618；610 ÷ 987 = 0.618；987 ÷ 1597 = 0.618...

請注意，數目字愈大愈準確，算到後面得出來的結果都是 0.6180339，你不得不承認這是一個神祕又美妙的數字。

我們再從大自然去觀察，一般樹葉的寬與長之比，蝴蝶的身長與翅膀開展後之比，俊男美女的臉型與身長之比，在在都吻合黃金切割率 0.382 與 0.618 之比。

波浪理論的發明人艾略特把黃金切割率的 0.618 運用在計算股市的漲跌幅上。他認為一個上升波的滿足點，就在此次低點 1.618 倍之處；而一個下跌波的滿足點，就在前次高點的 0.618

之處。

後來，股票的技術分析師再把 0.382 與 0.618 的比值延伸為 0.191（0.382 的一半）、0.382、0.618、0.809（0.618 加 0.191）等四個數字，並用它來預測大盤與個股股價的高低點，然而實際運用在台股大盤的預測，準確性不高，參考意義不大。

一、預測大盤的高點

根據黃金切割率的理論，大盤股價漲幅有可能抵達原股價的 1.191、1.382、1.618、1.809、2.191、2.382、2.618、2.809 之處。（其計算公式為股價乘以 1.191，餘類推）。

以 2001 年 9 月起漲點 3411 為例，依據上述的公式，大盤股價應該落在 4063、4714、5519、6170、7474、8125、8929、9581 等點數附近，然而大盤股價實際落在 6484、7135、7476、9859 等處，其中只有 7474 與 7476 吻合。

二、預測大盤的低點

根據黃金切割率的理論，大盤股價跌幅達到原股價的 0.809、0.618、0.382、0.191 處時，都應有支撐。

以 2007 年 10 月的大盤最高點 9859 為例，依上述的公司，大盤股價支撐應該落在 7976、6093、3766 點數附近，然而大盤實際落在 7384 點與 3955 點，準確性不高，參考意義不大。

然而，市場上運用黃金切割率推算股價高低點者眾多，投資人不可不知。

51
缺口理論

郭　語　錄

缺口所展現的意義就
是，多空雙方在激戰
之後，一方大勝，另
一方大敗。

所謂「缺口」（gaps），就是股價的跳空行情表現在 K 線圖
上的一種形式，在技術分析裡有重要意義。

　　某支股票的多方與空方經過一段時間激烈的拉鋸戰之後分
出勝負，產生一面倒的現象，或是搶價買進的跳空漲停，或是
急殺賣出的跳空跌停，此一情況在 K 線圖上就會出現「缺口」。

　　由於缺口的大小與強弱，對未來股價的走勢影響甚大，因
此從事技術分析的投資人，當 K 線圖上出現缺口時，無不屏息
以待，惟恐稍有閃失喪失買進或賣出的良機。

　　根據艾略特一個股價的完整八波循環，從多頭行情走到空
頭行情，依照其先後次序會出現下列的六種缺口，而後不斷地
循環。

一、多方的突破缺口（出現在第一波）

　　這個缺口會出現在多頭行情的起漲區，亦即在艾略特八波
段走勢中的第一波。

　　某支股票位在底部區盤整時，股價會在一個固定幅度的股
票箱內上下遊走，突然有一天股價走出股票箱，向上跳空突
破，這就是突破缺口。為了防止是假突破，突破缺口必須附帶
下列三個條件：

（一）除了股價突破之外，必須配合大成交量。若量能不出，會有量價背離的現象，是假突破。

（二）突破這支日 K 線必須是純陽線。

（三）突破的缺口，至少三天內不能被封閉。

二、多方的中繼缺口（出現在第三波）

這是繼多方的突破缺口之後，強勢的攻堅行情，會出現在艾略特八波段走勢中的第三波。

艾略特的八波段中，第一波是初升段，第三波是主升段。通常主升段攻勢強勁，走得時間最長。當中繼缺口出現時，投資人必須留意下列三點：

（一）代表一個強勢的多頭行情已經正式展開。

（二）有些強勢的股票，可能出現不只一個的中繼缺口。

（三）中繼缺口常被主力用來估算未來股價的漲幅，故投資人可依此計算其幅度。一般大約是一比一，亦即底部漲到中繼缺口的幅度大約相等於中繼缺口上漲至未來的高點。

三、多方的竭盡缺口（出現在第五波）

某支股票在出現突破缺口與中繼缺口之後，往往會再出現竭盡缺口，會出現在艾略特八波段走勢中的第五波。

多方的竭盡缺口是由全面買進（空方被多方徹底擊敗，形成一面倒）的力量造成的。當多方的竭盡缺口出現時，下列三點要特別留意：

（一）此時買方力道雖然很大，但是已經是第三段漲勢，屬強弩之末，行情接近尾聲，不久就會反轉下跌。

（二）主力通常會利用此時出貨，故多方的竭盡缺口出現時，常伴隨著大量。

（三）在竭盡缺口出現之後幾天，還會出現新高價，但是因為成交量無法再放大，這就注定行情反轉，開始走空頭的命運。

四、多方的逃命缺口（出現在第六波）

這是股價到達頭部後，向下反轉的第一個缺口，會出現在艾略特八波段走勢中的第六波。多方的竭盡缺口會跟多方逃命缺口形成對稱，造成左缺右口的 K 線圖。

逃命缺口出現時，空頭行情確立，多單必須全數出清。

五、空方的中繼缺口（出現在第八波）

空頭行情會形成 A、B、C 三波往下殺，空方的中繼缺口會出現在 C 波，亦即艾略特八波段走勢中的第八波。

六、空方的竭盡缺口（出現在第八波）

空頭行情殺得最慘烈的就是第八波，除了會出現中繼缺口外，到了末端會出現竭盡缺口。

空方的竭盡缺口是全面賣出（多方被空方完全制伏，形成一面倒）的力量所造成的。當空方的竭盡缺口出現時，下列三點要特別留意：

（一）此時賣方的力道雖然很大，但這已是第二段跌勢，屬強弩之末，空頭接近尾聲，接下來就是盤整。

（二）空方的竭盡缺口出現後，股價再下跌也是有限，逐漸形成底部區。

郭 語 錄

在一個完整的八波循環中，依先後次序所出現的六種缺口對研判行情走勢意義重大，千萬不可忽略。

（三）一日頭，百日底。股價打底整理的期間很長。而後突然有一天股價向上突破，形成一個與空方竭盡缺口相對稱的多方突破缺口，行情反轉向上。

52

股票箱理論

股票箱理論是由英文 Box Theory 直接翻譯過來，它是由股票的外行人尼古拉‧達瓦斯（Nicolas Darvas）所發明的。

尼古拉是二十世紀七〇年代美國芭蕾舞星。因為職業的緣故，他必須東奔西跑，在美國各地表演。他對股票完全外行，可是他在工作之暇，運用他發明的「股票箱理論」以 3,000 美元進場操作，結果在數年間賺進兩百多萬美元，並寫了一本名為《我如何在股市賺進兩百萬美元》（*How I win $2,000,000 in Stock Market*）的書。他的事蹟經過美國《時代》（*Time*）雜誌報導之後，不但使他聲名大噪，作品也因此洛陽紙貴，大家紛紛爭相學習其股票箱理論。

該書內容的要點如下：

一、股票箱理論適合於短線投機操作。

二、尼古拉從不買弱勢股，他只買進會漲的強勢股。

三、尼古拉把某一階段股票的漲跌視之為股票箱，當股價在第一個股票箱內起起伏伏時，他按兵不動，只是冷靜地觀察分析。一直到股價確實上漲到第二個股票箱時，他才會進場買進。

四、尼古拉在買進股票之後，只要股價不回跌，就不會賣

出。有人問他為何不趁股價高漲時出脫，他巧妙答道：「一支賣座鼎盛的影片，為何要下片呢？」他的意思是：一支正在上漲的股票，沒有人知道會漲到何處，賣得太早，就少賺一大段了。

五、當股價碰到停利點時，毫不猶豫，立刻賣出。尼古拉買進股票之後，股價上漲了一大段，當股價已經漲不上去，而且股價即將從上一個股票箱下跌到下一個股票箱，上一個股票箱的底部就是停利點，當股價破底時，馬上賣出。

運用尼古拉的股票箱理論買賣股票有一點要特別注意，這套方法只適合在多頭行情裡，若用在空頭行情，就是標準的追高，每買必套，虧死人。

53

股票箱內來回操作

郭　語　錄

股票箱內來回操作，說穿了只有一句話，亦即逢壓就賣，逢撐就買，如此而已。

股票箱理論是美國芭蕾舞星尼古拉・達瓦斯所發明的一種股票操作方法，此處所指的股票箱內來回操作，是另一種變通的方法。

任何一支股票的股票箱內都有其頭部與底部。頭部就是這個股票箱上檔的壓力所在，而底部就是這個股票箱下檔的支撐所在。

在股市裡，我們常聽人說，大盤指數在某某點會面臨上檔套牢的賣壓，或是說大盤指數下跌到某某點會有強烈的支撐。我們也常聽人說，某支股票上漲到某某價位會碰到上檔的賣壓，須逢高減碼，或是說下跌到某某價位會有支撐，可以逢低分批承接。

賣壓就是壓力。當行情上漲到某一程度時，被一股力量阻擋著，使股價漲不上去，這股阻止行情繼續上漲的力量就稱之為壓力。賣壓來自於上檔套牢的籌碼，舉例來說，假設張三每股以 35 元買進國泰金，不料買進之後股價下跌，張三被套牢了；當股價回升至 35 元時，張三會急著賣出以解套，這就是賣壓的來源。

至於支撐，是指行情下跌到某一程度時，被一股力量撐托著，使股價跌不下去，這股撐托行情不再下跌的力量稱之為支

撐。支撐來自低檔承接的力道，舉例來說，假設李四每股 30 元買進華碩，股價漲到 40 元時，李四全部賣出，獲利了結，當股價回跌至 30 元，李四很可能會去買回來，這就是支撐的來源。

股票箱內來回操作之方法如下：

一、弄清楚股價的壓力與支撐之後，就可趁股票在盤整之時，在股票箱內來回操作。當股價回跌到底部的支撐帶就買進，當股價上漲到頭部的壓力帶就賣出。不斷來回進出，從中賺取價差。

二、隨時要留意股票箱的變化，也就是說，必須隨時留意股價上升或下跌到另一個股票箱。因為壓力會變為支撐，當壓力帶被突破之後，上漲一段再回跌時，原來的壓力帶就變成支撐帶了（這時已上升至另一個股票箱）；反之，支撐也會變為壓力，當支撐帶被跌破之後，下跌一段再回升時，原來的支撐帶就變成壓力帶了（這時已下跌到另一個股票箱）。

當股票箱發生變化時，投資人必須在新的股票箱被確認之後，才可以開始在新的股票箱內短線操作。

第六章

· ·

你必須知道的基本分析

股市往往提早 4 至 6 個月反應未來經濟。

當經濟仍處在蕭條階段，

在景氣復甦之前 4 至 6 個月，股價開始翻升；

當經濟仍處在繁榮階段，

在景氣衰退之前 4 至 6 個月，股價逐漸挫低。

54

經濟景氣與股價

經濟景氣是影響股價的重要因素之一。景氣繁榮可刺激股市欣欣向榮，股價上揚；反之，景氣蕭條，將促使股市萎靡不振，股價下挫。因此，股市就像是一個國家的經濟櫥窗，從股市的變化，就可看出一個國家經濟的榮枯。

各國經濟學家一致公認，經濟景氣有四個階段的循環現象，即復甦→繁榮→衰退→蕭條→復甦……如此循環不已。

每一個景氣循環的階段各有其特性：

一、復甦階段：此時最明顯的現象就是，景氣否極泰來，工廠慢慢復工，失業率逐漸減少，工業生產指數、銷貨量、利率、物價等經濟指標開始上升。

二、繁榮階段：此時各項需求增加，景氣轉趨熱絡，訂單激增，工資上漲，就業機會大幅增加。各種經濟投機現象層出不窮，物價緩和上漲，利率上升。

三、衰退階段：景氣盛極而衰，工業生產指數、銷貨量、利率、物價等經濟指標開始下降。

四、蕭條階段：此時各項需求減少，工廠生產過剩，產品售價下跌。企業因產品滯銷紛紛裁員減薪，若干體質較差企業不支倒閉，失業率大增。

根據經濟專家長期研究後發現，股市往往提早 4 至 6 個月反映未來經濟。換言之，當景氣仍處在蕭條階段，在景氣復甦前 4 至 6 個月，股價開始翻升，當景氣仍處在繁榮階段，在衰退前 4 至 6 個月，股價逐漸挫低。就拿台股最近的實例，2008 年台股從 5 月開始大幅下跌，就比經濟的衰退早 4 至 5 個月前發生；到了 2008 年底，各項經濟指標未見好轉，其中工業生產指數衰退 31％，海關出口值衰退 41.9％，工廠裁員停工，負面消息不斷，但股市卻敲敲地從 3955 點（2008 年 11 月 21 日）上漲到 4817 點（2009 年 1 月 7 日）漲幅已達 21.8％。

　　經濟指標那麼糟，經濟前景如此悲觀，股價憑什麼上漲呢？這跟處於多頭行情的頭部時「經濟指標那麼好，經濟前景如此樂觀，股價為什麼會下跌呢？」的疑問是一樣的，完全是投資大眾強烈的預期心理所造成的。

　　當處在空頭行情的末端時，利空不斷，投資大眾基於持續悲觀的強烈預期，不計價大幅殺出，大幅殺出之後，賣壓減輕，股價就容易上漲了。

　　相反的，當處在多頭行情末端時，利多頻傳，投資大眾基於持續樂觀的強烈預期，不計價大幅買進，大幅買進之後，後續可推動股價上升的動能已無，股價就容易下跌了。

　　這就是為何股價會提早 4 至 6 個月反映未來經濟的緣故。

郭 語 錄

股價是個奇怪的東西，它永遠走在景氣的前面。

55

利率與股價

有關利率與股價的關係，大部分的財經專家都認為，利率的高低與股價不但有密切的關係，而且利率是股價的天敵。他們認為，利率高漲，會影響股價下跌；反之，利率下降，則會影響股價上漲。

為何利率高漲會使股價下跌呢？理由有三：

一、當利率高漲時，錢放在銀行孳息，安穩妥當，投資人較不願投入股市，股價自然下跌。

二、利率高，企業資金周轉所負擔利息成本較高，影響企業獲利能力。企業獲利能力下降的話，股價當然就易跌難漲了。

三、利率高漲時，社會經濟活動的資金必定比較緊俏。資金對股市有如血液對人體，在資金緊俏時，自然買賣清淡，不利股市發展，股價就會下跌。

為何利率下降會使股價上漲呢？理由亦有三：

一、當利率下降時，利息少，投資人把錢放在銀行孳息，根本不划算，所以都比較願意把錢從銀行提領出來投入股市，股價自然易漲。

二、利率低，企業資金周轉所負擔的利息成本較低，會增加企業獲利能力。企業獲利能力增強的話，股價當然就易漲難跌了。

三、利率下降時，社會經濟活動的資金必定比較充裕。資金對股市有如血液對人體，在資金充裕時，自然交易熱絡，有利股市發展，股價就上漲了。

那麼還有一種情形，倘若像 2009 年初，銀行定存利率普遍降到 1% 以下，亦即 100 萬元的定存，一年的利息不到 1 萬元時，對股市會有什麼影響呢？

當利率降到 1% 以下，一方面會把大家放在銀行的存款逼出來，另一方面從本益比的角度去看，1% 的利率造成 100 的本益比可以被接受，而目前股價本益比許多在 10 以下，使得許多好股票物超所值。上述兩個因素，最後資金流向股市成為必然的趨勢。

總而言之，超低的利率最後必然造成一波股市的資金行情。就像 2008 年金融海嘯之後，美國聯準會採用量化寬鬆政策（俗稱 QE），降息提供市場低廉的資金成本，造成 2009 年以來長達 9 年的多頭行情，即為「資金行情」。

> **郭 語 錄**
>
> 當央行宣布提高利率時，就是一種警訊。它會把投資人在股市的錢趕到定存去。

56
資金與股價

我們在上一節已經說過，資金之於股市，就好比血液之於人體。股市如果缺乏資金，就會蒼白虛弱，下跌的機率大增；反之，股市如果資金充裕，就會滿面紅光，上漲的機率大增。

若要研判股市的資金動能是否充沛，則必須觀察中央銀行發布的貨幣總計數 M1b 與 M2 及其年增率。

一、M1b 及其年增率

根據中央銀行所下的定義，M1b 包含：

（一）通貨淨額，亦即社會大眾手中持有的通貨。

（二）企業、個人以及非營利團體存在銀行之支票存款及活期存款。

（三）基層金融機構之支票存款及活期存款。

（四）個人與非營利團體之活期儲蓄存款。

觀察 M1b 的年增率（指與上年同期比較），有兩點值得特別留意：

（一）根據台股 31 年的歷史經驗可知，大盤股價指數會落後 M1b 年增率底部 4 至 5 個月。最近 M1b 年增率的底部在

2008 年 7 月的 –5.77%，由此推算，大盤底部應落在 2008 年 11 月或 12 月，事實證明，2000 年 11 月 21 日的 3955 點剛好就是這一波的最低點。

（二）通常若要有大行情，M1b 年增率都會在 10%以上。

二、M2 及其年增率

M2 是研判資金動能另一個重要指標，它包含了 M1b 加定期存款及定期儲蓄存款，中央銀行為了避免資金太過寬鬆，大多會把 M2 的年增率控制在 9%與 14%之間。

簡單的說，M1b 是通貨淨額加上活期存款，而 M2 則是 M1b 又加定期存款。M2 是觀察資金是否寬鬆的指標，M1b 雖然表示的是短期資金的供需（因不含定存），但對股市的影響較 M2 來得重要，可以說 M2 是基礎，M1b 才是動能。

三、M1b 與 M2 的交叉

這是研判股市走多頭或空頭的重要指標。

（一）多頭的黃金交叉（golden cross）股價走多頭。

1. M1b 的年增率從負值轉向正值，而且從下向上穿越 M2 形成黃金交叉時，股價走多頭行情，根據中央銀行 2009 年 2 月 25 日公布的資料，2009 年 1 月 M1b 年增率為 1.79%，已由負轉正。

2. 這表示 M2 中大量定存被提領，流進股市。

3. 不過，根據歷史經驗，當 M1b 與 M2 的年增率差距達 10%時，往往就是台股的相對高點。

（二）空頭的死亡交叉（black cross）股價走空頭。

　　1. M1b 的年增率從正值走向負值，而且從上向下穿越 M2 形成死亡交叉時，股價走空頭行情（參見圖 8），2008 年股價大跌乃活生生的例子。

　　2. 這表示股市大量的資金被抽離，流進了定存。

圖 8　M1b 從上向下穿越 M 2 形成死亡交叉

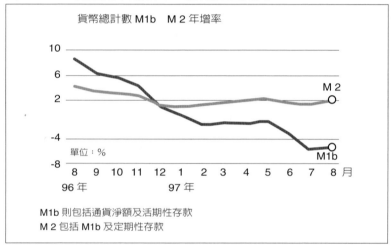

取材自中央銀行公布之資料

57
依自己的性格去挑選股票

股票依性質的不同，大約可分為下列八個種類：

　　一、績優股：若干上市公司營運良好，業績優異，在過去幾年之中，都固定配息配股；展望未來幾年內，公司仍能維持穩定的成長及一定的投資報酬率。此類公司發行的股票就是績優股。一般在國外稱之為藍籌股。

　　二、成長股：若干上市公司在發展之初，業績平平，並不引人注目，但當潛力發揮出來之後，業績大幅提高，維持若干年的驚人成長，或為投資人爭相搶購的目標。此類公司發行的股票就是成長股。（參閱第 40 節）

　　三、大型股：這是指資本額較大的股票。若干上市公司的資本額高達百億以上，此類公司所發行的股票，即屬大型股。

　　四、小型股：這是指資本額較小的股票。若干上市公司的資本額在 10 億以下，此類公司所發行的股票即屬小型股。

　　五、資產股：若干上市公司業績平平，但擁有值錢或大量的土地資產，或是眾多的辦公大樓，此類公司所發行的股票即屬資產股。

　　六、投機股：若干上市公司營運不佳，業績甚差，在過去幾年中，不但從未配息或配股，而且經常辦理現金增資向股東

要錢，展望未來亦乏善可陳。此類公司所發行的股票按理不易上漲，但因其投機性甚強，常藉題炒作而飆漲，故稱之為「投機股」。

七、熱門股：這是指交易熱絡的股票。此類股票每天的成交量都達萬張或數萬張。

八、冷門股：這是指交易清淡的股票。此類股票每天的成交量只有幾十張甚至只達個位數。

那麼，投資人要如何依自己的性格去挑選股票呢？可參考下列五個原則：

一、穩健型的投資人可在底部區買進績優股（不論大型股或小型股均可），而後長期持有，如此一來，不僅可配股配息並賺到差價，而且每天不用看盤，可以高枕無憂，安心睡大覺。

二、冒險型的投資人偏愛小型投機股，這類股票雖然很少配股與配息，但若處在多頭行情，在作手的炒作與哄抬下，漲幅可觀。然而投資人介入這種股票必須眼明手快，而且要每天盯著盤面，以免被套在高檔。

三、成長股是投資人心中的最愛。若干有遠見的投資人，努力做功課，設法找出有產業遠景、產品暢銷、原料看漲、公司即將轉型成功的股票，在底部區買進，等待其飆漲。（參閱第40節）

四、若干業績不佳的資產股，常被作手用其值錢的土地當做炒作的題材。此類股票在通貨膨脹營建資產股當道時，漲幅非常可觀。此類股票也是冒險型投資人喜愛的標的，但其投機

性很強，介入的風險不亞於小型投機股。

　　五、熱門股每天成交量都在萬張以上，進出容易；冷門股
交易清淡，萬一行情反轉，脫手不易，少碰為妙。

58

選擇你最熟悉的
產業與公司

兵 法上云：「知己知彼，百戰百勝。」這個道理也適用在股市，購買股票應選擇你最熟悉的產業與你最熟悉的公司。

一、你最熟悉的產業

目前台股依產業別可區分為：水泥、食品、塑膠、紡織、電機、電器、化生、化學、生技、玻璃、紙類、鋼鐵、橡膠、汽車、電子、半導、電腦、光電、通信、電零、通路、資服、他電、營建、運輸、觀光、金融、貿易、油電等二十九類，投資人應從中挑選出你最熟悉的產業，下苦心去研究，逼迫自己成為那一產業的專家之後，再去買賣此一產業的股票。如此一來，勝算最大。

日本的股市怪傑是川銀藏（他曾因在股市賺大錢成為全日本所得最高的人）就是一個最好的例子。他本身是採礦方面的專家，他在股市致勝的祕訣就是：蒐集各種情報，深入研究採礦業。他常在買進某支礦業股後，該公司就因發現礦產而股價大漲，是川銀藏順理成章從中獲得暴利。

糧食、水泥、鋼鐵、石化原料、營建、海運、電子業中的

Dram 與 TFT-LCD 等產業都逃離不了景氣的循環。精研某一產業最大的好處是：在那一產業復甦衰退之前，研判出未來的興衰，並根據此推測事先買進或賣出該產業的股票。

二、你最熟悉的公司

什麼樣的公司你最熟悉呢？當然就是你工作的公司你最熟悉。因為你在那家公司上班，你能夠深入了解該公司實際的營運狀況，也才能安心地買進股票。

台塑公司董事長李志村就是用這個方法投資股票。他服務於台塑五十年，從最基層做到董事長，他長期購買台塑，獲利可觀。李志村說：「我自己在台塑上班，了解公司的實際運作狀況，才敢放心地投入。」

倘若你不在那家公司上班，但有親朋好友在那家公司工作也是一樣，因為親朋好友會把公司實際營運狀況告訴你，使你依獲得的真實情報去進行投資。

> **郭 語 錄**
>
> 面對你熟悉的產業與公司，當它們的股價處在底部區時，你才有勇氣進場去買。

59

選股之前先選經營者

投資人在選股之前，應該先了解一下該公司之經營者。各上市公司之經營者，因理念不同，作風迴異，大略可分為下列五種類型：

一、正派型經營者

此類型的經營者，能力高強，專心經營企業，絕不炒作股票，年年營運順暢，固定分派股票股利或是現金股利。

二、邪派型經營者

此類型的經營者，心術不正，一方面勾結市場的作手炒作公司的股票，賺取暴利；另一方面大搞利益輸送，譬如自己先買一塊地皮，一年後轉賣給公司，從中賺取非法利潤；或於空頭行情炒作股票失敗時，把股票轉手賣給公司，使公司蒙受重大的損失，自己則全身而退。

三、不善型經營者

此類型的經營者，雖然不像邪派經營者那麼惡劣，不會去炒自家股票或搞利益輸送，但能力有限，不善經營，公司營運乏善可陳，長期沒有盈餘，多年未配股或配息。

四、保守型經營者

此類型的經營者，作風保守，絕不會去冒險，既不輕易對

外舉債，也從不開發新產品，永遠在那一塊既有的產品與市場中打轉。公司固然體質良好，經濟平穩，但因固步自封，成長緩慢，久而久之將失去競爭優勢。

五、擴充型經營者

此類型經營者與保守型經營者剛好相反，他們作風大膽，勇於冒險，重視研發，不斷創新，鼓勵新產品的開發。擴充型經營者若新產品開發成功，會促使公司快速成長；但若擴充太快，也會產生資金週轉，產品瑕疵等問題。

上述的五種類型中，投資人應避開邪派型與不善型的經營者，多留意正派型與擴充型的經營者。

然而，實際的上市公司中的經營者不會像筆者所劃分的那麼清楚，有可能是正派型兼保守型，或是正派型兼擴充型，或是保守型兼不善型等等。

有台灣巴菲特美譽的台東家醫許雲祥，因投資股票，大量買進鴻海長抱 15 年賺取暴利而成為富豪，他選股的要訣有三：

一、慎選經營者
二、公司具有核心競爭力
三、產品處於趨勢之上

有關上述三點，他最重視的是經營者，由此可知選股之前選經營者的重要。

郭　語　錄

挑選經營者就是要吹毛求疵。

187

60

分析財務報表了解該公司

投資人要買進一支股票之前，除了要了解其經營者之外，還必須經由分析其財務報表，深入了解該公司。

每一家上市公司都會按季公告其財務報表。通常，1 至 3 月的財務報表，在 4、5 月間公告；1 至 6 月的財務報表，在 7、8 月間公告；1 至 9 月者，在 10、11 月間公告；全年者，在次年 1、2 月間公告。

在財務報表中，資產負債表與損益表是最常見，也是對股票投資人最有用的兩種報表。

一、資產負債表

資產負債表是指公司某段期間內，資產、負債以及資本詳細狀況的報表，其內容包括：

（一）資產（即總資產）

1. 流動資產：現金、有價證券、應收票據、應收帳款、存貨。

2. 長期投資。

3. 固定資產：土地、廠房、機器、設備。

4. 其他資產。

（二）負債

1. 流動負債：應付票據、應付帳款、一年期長期負債、應付費用、應付所得稅、應付股利。

2. 長期負債。

3. 其他負債。

（三）股東權益：包含股本、累積盈餘、法定公積、資本公積、特別公積。

二、損益表

損益表是指公司在某段期間內，營運與盈虧狀況的報表，其內容包括：

（一）營業收入。

（二）營業成本。

（三）營業毛利。

（四）營業費用。

（五）營業淨利。

（六）營業外收支淨額。

（七）稅前純益。

（八）稅後純益。

上述資產負債與損益表中所記載的數字，會因個人投資態度的不同，各自展現不同的意義：

（一）對希望領取股息的人，他就要特別注意損益表中的稅後純益，與資產負債表股東權益中的累積盈餘、資本公積與特別公積。

（二）對希望賺股票差價的人，他就要特別留意資產負債表

189

中可處理的閒置資產，因為那可能是未來刺激股價上漲的重要因素。

（三）對希望保值的人，他就要特別注意資產負債表中的固定資產與股東權益。

三、計算出若干財務比率

此外，我們可以利用資產負債表與損益表中的數字，計算出若干財務比率，然後再分析財務比率，即可知悉該公司的短期償債能力、長期清債能力、財務周轉能力、獲利能力等，可作為選股的參考。

（一）**短期償債能力**：觀察流動比率與速動比率即可得知。

$$流動比率 = \frac{流動資產}{流動負債}$$

$$速動比率 = \frac{流動資產 - 存貨}{流動負債}$$

（註：存貨數目會詳列在資產負債表的流動資產項中。）

流動比率應達 200％，速動比率應達 100％，才算合理。台灣上市公司流動比率大都在 100％至 150％間，顯示自我資金偏低，亦有把短期資金供長期資金使用現象。

（二）**長期清債能力**：觀察負債淨值比率與長期負債總資產比率。

$$負債淨值比率 = \frac{長期負債}{股東權益}$$

$$長期負債總資產比率＝\frac{長期負債}{總資產}$$

（三）財務周轉能力：觀察存貨周轉率與應收帳款周轉率。

$$存貨周轉率＝\frac{營業成本}{平均存貨}$$

$$應收帳款周轉率＝\frac{營業收入}{平均應收帳款}$$

（註：平均應收帳款為期初應收帳款與期末應收帳款和的平均。）

（四）獲利能力：觀察本益比與總資產報酬率。

$$本益比＝\frac{每股市價}{每股稅後純益}$$

$$總資產報酬率＝\frac{稅後純益}{總資產}$$

61

搭上軋空的轎

所謂「軋空」，那是市場多頭主力對付空頭的一種激烈手法。空頭放空賣出股票，多頭主力全數吃下，股價不跌反漲，空頭害怕想要補回，但市場的籌碼已被多頭主力鎖住（通常是跳空漲停），空頭根本買不到股票回補，此種情況稱之為「軋空」。

多頭主力通常會選擇股本小（資本額在 10 億以下）、在外流通的籌碼有限、業績平平的小型投機股做為炒作的對象，並且常以某塊土地的開發或是某段期間業績上升做為炒作的題材。

炒作之前，主力會以 3 至 6 個月的時間布局。一方面私下跟公司的董監事談妥，大量轉帳買進，雙方並約定在某價位到達之前，不得賣出股票；另一方面，主力就用那些向董監事大量轉帳買進的股票向丙種經紀人質押借款，主力再拿這筆借款在市場吸進散戶的籌碼。

主力有計畫地炒作這支股票，當拉抬至某一幅度之後，必定會回檔整理，讓一些意志不堅的短多下轎，稍做整理之後，洗清信心不足的短線客，集中籌碼蓄勢發動另一波行情。

此時，這家公司的董監事，看到公司股價已被主力炒高，抗拒不了高股價的誘惑，違反當初跟主力的約定，利用回檔整理之時偷偷賣出股票。另外，借錢給主力的丙種經紀人，也會

在回檔整理之際，賣出主力所質押的股票，賺取差價。換言之，這時的空頭除了小部分的短多之外，主要是董監事與丙種經紀人。

既有經驗又有財力的主力，會利用市場預期回檔的心理，反向操作，根本不讓股價有太深的回檔整理，也就是不讓空頭絲毫占上風。此時，這支股在短短數日之後，成交量突然放大，僅管空頭不斷釋出籌碼，主力毫不猶豫，全數以高價吃下。

多空經過一番激戰，延續數日之後，很明顯地多頭擊敗空頭，成交量逐日遞減，一直到極度萎縮，之後主力會狠狠地每天跳空拉出十幾個甚至幾十個漲停板。這時，因為成交量極度萎縮，董監事與丙種等空頭在市場根本買不到股票回補（這時會在號子裡聽到這支股票每天借券的消息），眼睜睜地看著股價一路飆漲上去。

主力在軋空成功之後，對偷賣股票的董監事，會要求以議價轉回股票或入主公司經營權，擇一解決。至於丙種經紀人，主力會籌款向其要求贖回質押的股票，丙種因已把股票賣出，只得跟主力議價補回。

投資人若能事先獲悉某支股票有軋空行情，於恰當的時機上轎的話，獲利定極為可觀。

郭語錄

當投資人放空被軋空時，必定寢食難安。

62

留意增資行情

股票上市公司，由於業務不斷擴大，新廠持續興建或是其他原因（譬如：償債或資金週轉）需要籌募資金時，經股東大會通過後，即可辦理增資。

上市公司增資的途徑，不外下列三種：

一、盈餘轉增資

公司在增資發行新股時，從公司的累積盈餘（當年的盈餘或以往的保留盈餘）中提撥若干出來，轉換為股票，免費發放給每一股東。這純粹是營運績效良好之後的免費配股，正派經營的績優公司常做這種事。

二、資本公積轉增資

公司在增資發行新股時，從公司的資本公積中提撥若干出來，轉換為股票，免費發放給每一股東。資本公積包括：處理資產的收入、以往現金增資溢價部分的收入、地價重估之後的帳面收入以及其他營業外收入。

盈餘轉增資與資本公積轉增資，對原股東而言雖然都是無償免費配股，但意義不同，前者是公司營運賺錢後的免費配股，而後者是業外收入的免費配股（有可能年年營運不佳，照樣免費配股）。

三、現金增資

公司在增資發行新股時，原股東必須自掏腰包，依股東會決議的價格，以面額 10 元或溢價（超過面額 10 元的部分均屬溢價）的方式繳納新股的股款，認購新股。這是業績不佳的上市公司常做的事。

上述三種增資均有可能出現上漲行情。

一、盈餘轉增資與資本公積轉增資，因為是無償配發，不愁沒人要，而且可能會有除權行情。

「除權」就是當上市公司把股票配發給股東時，股票的市價把上市公司配發給股東的權值除掉的意思。除權後，若該公司獲利能力良好，業績展望亦佳，則股價上漲，把除權差價補回，這就叫「填權」。填權即是有除權行情。通常在多頭行情裡比較可能有除權行情，空頭行情裡不易有除權行情。

除權後，若不能填權，就叫「貼權」，那等於領自己的鈔票一樣，空有配股之名，卻無實際的利得。

二、現金增資，特別是溢價現金增資，因為是有償掏錢認股，所以在公司大股東擔心無人認股的因素下，就會發生下列炒作的投機行情：

（一）為了使溢價現金增資股能夠順利發行，公司大股東會結合市場派，設法把股價拉高，這麼一來，才會有人踴躍去認購增資股。

（二）公司大股東必須按照一定比率認購增資股，為了籌

郭　語　錄

一家公司增資時，常常會出現一波不錯的行情。

錢，通常他們會把股價炒高之後，賣掉部分舊股，然後去認購新股。

（三）現金增資的投機行情通常會出現在除權之前。

（四）現金增資的題材炒不高，股價接近甚至低於增資股股價，在無人認購的情況下，會由特定人出面認購。此種情況，其投機行情會出現在除權之後。

有意把握現金增資投機行情的冒險型投資人，可依上述的分析適時介入。

63

股價不是漲過頭
就是跌過頭

股票和一般商品最大的不同在於：商品的漲跌都有一定的合理限度，可是股票卻老是在多頭行情時漲過頭，或是在空頭行情裡跌過頭。

每次當多頭行情走到艾略特第五波末升段做頭時，股價勢必漲過頭。若干股票的價格高達淨值的十倍以上，還是有人搶著要。

就舉 2007 年 8 月的太陽能矽晶圓熱門股中美晶為例，該股的淨值只有 32.54 元，當時市價飆漲到 370 元，仍然交易熱絡，投資人明知道股價脫離本質甚遠，還是敢去買。

相反的，每次當空頭行情走到艾略特第八波末跌段的底部築底之時，股價勢必跌過頭。許多股票的價格低於其真實的價值，還是乏人問津。

再舉 2008 年 11 月的筆電電池模組績優股新普為例，該股預估 2008 年每股純益 11.24 元（每股賺進超過一個資本額），股價從 235 元跌到 63.2 元，本益比只有 5.6 倍，很明顯的，這是好幾年都等不到的買進良機，事實上少有人聞問。其實不只新普，許多績優股都有類似被嚴重低估的情況。

為什麼股票老是會漲跌過頭呢？原因有三：

一、一窩蜂的心理

投資人的心理非常微妙。當股價築底未漲時，大家都不看好；一旦起漲了，就有部分人看好；等到大漲了，大部分的人都看好；隨著行情愈漲愈凶，結果造成一窩蜂總買進的現象，勢必漲過頭。

相反的，當股價做頭未跌時，看壞的人很少；一旦開始下跌，就有部分人看壞；等到大跌了，大部分的人都看壞；隨著行情愈跌愈凶，看壞的人愈來愈多，大家都處在悲觀氣氛中，結果造成一窩蜂總賣出的現象，勢必跌過頭。

二、投機的本質

大家別忘了，股票除了投資之外還有投機的本質（參閱第34節）。任何可以被拿來投機的東西，其價格常會脫離其本質，不是漲過頭，就是跌過頭。

台灣在十幾年前台股走大多頭行情時，有一種原產在印尼的紅龍魚，被有心人炒作成風水魚，結果一條原價 1 萬元左右的紅龍魚，上漲至數萬，甚至數十萬。待炒風一過，立刻回跌至萬元以下，其他的靈芝與蘭花亦曾發生類似狀況。這是投機漲跌必過頭的明證。

三、回補與斷頭的壓力

融券放空的人在股價上漲到某一程度時，如果繳不出保證金的差額，就會被迫必須回補，而此一回補的動作會促使股價漲過頭。

相反的，融資買進的人，在股價下跌到某一程度無法補足

差額時，會被迫斷頭，此一斷頭的動作會促使股價跌過頭。

　　在明瞭股價漲跌的前因後果之後，就必須趁股價漲過頭時賣出，跌過頭時買進，當一位理性、聰明的投資人。

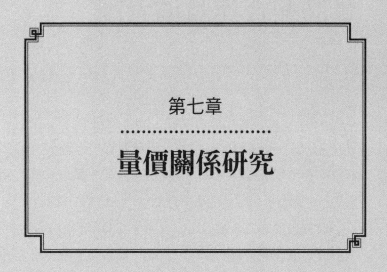

第七章

· ·

量價關係研究

股市裡充斥著各色各樣的騙子，
只有成交量是唯一的例外。
股市裡的量是實、是裡、是因，
價是虛、是表、是果，
投資人往往追逐虛表的股價，
忽略影響並造成漲跌的成交量。

64

量價配合與量價背離

在本書中所介紹的技術分析，包括：道氏股價理論、艾略特波浪理論、趨勢線理論、扇形理論、移動平均線理論、費波南希數列、缺口理論、股票箱理論等，都必須與成交量的變化一併觀察，這樣才能更準確地研判出買點與賣點。

投資人都知道，股市是由人氣堆砌起來的。人氣的凝聚與消散最足以代表股市的榮枯，而成交量的擴大與萎縮，正好表示了人氣的凝聚與消散，因此投資大眾都認同，成交量就是股市的溫度計，也有人乾脆就把成交量視之為股市多空的趨勢指標。

股市裡所謂的量與價，就個股而言，「量」指的是成交的張數，「價」指的是股價；就整個大盤而言，「量」指的是成交總值，「價」指的是加權股價指數。

整體而言，量是實，價是虛；量是裡，價是表；量是因，價為果。投資人往往追逐虛表的股價，忽略了影響並造成漲跌的成交量。更有股市的好手認為股價微不足道，只不過是誘多誘空的工具罷了。

一、量價配合

所謂量價配合，就是價量同步，也就是當股價上漲時，成

交量也會跟著逐漸擴大；而當股價下跌時，則成交量會跟著逐漸萎縮。

如果股價在上漲時，成交量能配合放大，表示換手積極，往上推升力道充足，後市尚有榮景可期。而股價在下跌時，成交量能配合縮小，這表示持股者殺低意願不高，只要整理完成，股價就會止跌回升。

二、量價背離

所謂量價背離，就是價量分歧，這與價量同步的情形剛好相反，當股價上漲時，成交量反而逐漸萎縮；而當股價下跌時，成交量反而逐漸擴大的意思。

如果股價在上漲時，成交量隨著縮小，這表示換手不積極，往上推升力道不足，在承接力道有限的情況下，一旦市場風吹草動，漲勢可能隨時中斷，不利後市的發展。而股價在下跌時，成交量跟著逐漸擴大，這表示投資人信心不足，看壞後市，於是紛紛殺出手中持股，股價將持續疲軟。

美國投資專家葛蘭碧（Granvile Joseph）曾說：「股價只是成交量的表徵罷了，而成交量才是股市的元氣，因此，成交量都走在股價之前。」換言之，量是價的先行指標。所以，在量價配合的情況下，股價才有可能繼續走堅；在量價背離的情況下，是股價反轉下跌的先兆。

65
多頭行情時成交量的特徵

股價處在多頭行情時，其成交量具備下列的三大特徵：

一、成交量持續擴大

在多頭行情中，必須藉著成交量不斷地擴大，來聚集人氣，讓資金陸續進場，於是成交量與股價之間形成良性循環。成交量擴大，股價上漲；由於股價上漲，交易熱絡，引起投資大眾的興趣，帶來了更大的成交量；由於資金不斷地湧入，把股價更往上推升。

以台股從 2004 年 8 月 4 日的 5255 點上漲到 2007 年 10 月 30 日的 9859 點多頭行情為例，成交量從每天的三、四百億，一路擴大到兩、三千億。由此可知，成交量持續擴大乃是股價在多頭行情中的最大特徵。

二、大盤指數與成交量呈現正比關係

即使股價在多頭行情中，也不可能不會下跌一直漲升上去，其間一定會回檔整理。

根據艾略特波浪理論，在一個多頭行情的五個波段中，其中第一、第三、第五等三個波段是上漲，而其中第二、第四等兩個波段是回檔整理。其間大盤加權股價指數與成交量的關係

如下：

第一波段：指數上升，成交量增加。

第二波段：回檔整理，指數小挫，成交量小幅萎縮。

第三波段：指數上升，成交量再增加。

第四波段：回檔整理，指數小挫，成交量小幅萎縮。

第五波段：指數上升，成交量再增加。

這一點從月 K 線去觀察就特別清楚（參閱附錄的附圖 20）。台股最近的一個五波多頭行情如下：

（一）第一波是從 2001 年 9 月的 3411 點漲至 2002 年 4 月的 6484 點（月成交量從 6,558 億增加到 33,482 億）。

（二）第二波是從 2002 年 4 月的 6484 點回檔整理至 2002 年 10 月的 3845 點（月成交量從 33,482 億萎縮到 10,140 億）。

（三）第三波是從 2002 年 10 月的 3845 點上漲至 2004 年 3 月的 7135 點（月成交量從 10,104 億增加到 37,689 億）。

（四）第四波是從 2004 年 3 月的 7135 點回檔整理至 2004 年 8 月的 5255 點（月成交量從 37,689 億萎縮到 11,777 億）。

（五）第五波是從 2004 年 8 月的 5255 點上漲至 2007 年 10 月的 9859 點（月成交量從 11,777 億增加而 50,202 億）。

三、行情結束前的成交量

在多頭行情中，若成交量無法再擴大時，股價就容易下跌。也就是說，行情呈現欲振乏力的現象時，成交量定會相對地遞減。

由於量比價先行，因此在多頭行情結束之前，成交量會先放出訊息，暗示股價即將下跌。以台股為例，2007 年 7 月指數

> **郭語錄**
>
> 多頭行情時，成交量最明顯的特徵就是「價漲量增，價跌量縮」。

達 9807 點，成交量 50,316 億，到了 2007 年 10 月的指數達
9859 點，成交量 35,361 億，明顯地價量背離，強烈暗示行情即
將反轉。（參閱附錄的附圖 20）

四、以反彈最高量為多空異位指標

從下跌趨勢中去尋找反彈的最高量，下次反彈對上此最高
量 K 棒高點乃是壓力所在，不會越過。倘若股價越過的話，代
表多空異位，大盤從空頭轉為多頭。

五、第四循環動能不足

台股第四循環讓人感覺似乎動能不足，從 2008 年 11 月至
2018 年 1 月為止，走了 9 年 3 個月的多頭行情，在 2009 年 5 月
創下的大量 35,070 億至今沒有超越，2018 年 1 月高點的大量也
只有 30,695 億。

66

空頭行情時成交量的特徵

股價處在空頭行情時，其成交量具備下列的三大特徵：

一、成交量逐漸萎縮

在空頭行情中，由於股價下跌導致接手不積極，人氣逐漸渙散，而資金亦陸續撤離股市，於是成交量與股價之間形成惡性循環。成交量縮小，股價下跌；由於股價下挫，交易清淡，影響投資大眾持股信心，接手轉弱，成交量遞減；由於資金撤離股市，把股價更往下打。

以台股從 2008 年 5 月 20 日的 9309 點下跌到 2008 年 11 月 21 日的 3955 點空頭行情為例，成交量從每天的 1,800 億左右，一路萎縮到兩、三百億。由此可知，成交量逐漸萎縮乃是股價在空頭行情中的最大特徵。

二、大盤指數與成交量呈現反比關係

即使股價在空頭行情中，也不可能毫無上漲一直跌下去，其間一定會有反彈整理。

根據艾略特波理論，在一個空頭行情的三個波段中，其中第六、第八等兩個波段是下跌，而其中第七波段則是反彈整理。其間大盤加權股價指數與成交量的關係如下：

第六波段：指數下跌，成交量萎縮。

第七波段：反彈整理，指數回升，成交量小幅增加。

第八波段：指數下跌，成交量再萎縮。

這一點從月 K 線去觀察就特別清楚（參閱附錄的附圖 20）。台股最近的一個三段空頭行情如下：

（一）第六波是從 2007 年 9859 點下跌至 2008 年 1 月的 7384 點（月成交量從 35,361 億萎縮到 30,855 億）。

（二）第七波是從 2008 年 1 月的 7384 點反彈至 2008 年 5 月的 9309 點（月成交量從 30,855 億小幅增加至 33,531 億）。

（三）第八波是從 2008 年 5 月的 9309 點下跌至 2008 年 11 月的 3955 點（月成交量從 33,531 億萎縮至 11,285 億）。

三、行情反轉前的成交量

在空頭行情中，成交量明顯地大幅萎縮，而股價又呈現跌不下去的現象時，即醞釀止穩上升的契機（參閱第 14、16 節）。

由於量比價先行，因此各股在空頭行情反轉之前，成交量會放出訊息，暗示股價即將上漲。當股價下跌到某一低點橫向整理，呈現跌不下去的現象，而且成交量突然放大時，這強烈暗示大戶在此吃貨，行情即將在此反轉上漲。

67
從成交量看出已經打底成功

郭 語 錄

一日頭，百日底。

股價位在艾略特波浪理論中的第八波末端與新生行情的第一波交接之處，必定有一段不算短的打底階段，所謂「一日頭，百日底」正是說明此階段的狀況。

打底階段股價最大的特色就是盤局整理，這在日 K 線上即可看得非常清楚（參閱附錄的附圖 21）。那麼，要整理多久股價才能突破盤局呢？這從成交量可瞧出端倪。

我們從週 K 線去觀察，不論大盤或各股，經過最後一波狠狠下殺之後，股價進入橫向盤局整理。上述最後一波每週成交量的總和就是上檔的賣壓，而打底橫向整理就是在消化賣壓。當橫向整理週成交量的總和，相當於上檔賣壓的總和時，即表示上檔浮動的籌碼已被洗清，股價即將走出空頭，反轉向上。

一、以大盤股價指數為例

（一）從週 K 線去觀察，大盤最後一波的下殺，是從 2008 年 9 月 5 日那一週開始，連續下殺 8 週到 2008 年 10 月 24 日那一週為止，其間累積的上檔賣壓總和計算如下：

4,620 億（2008 年 9 月 5 日那一週成交量，餘類推）＋4,411 億＋4,600 億＋4,449 億＋2,668 億＋2,619 億＋2,506 億＋2,080 億＝27,953 億

（二）大盤是從 2008 年 10 月 31 日那一週開始橫向整理消化上檔賣壓，一直到 2008 年 12 月 31 日那一週，連續整理了 10 週之後，其橫向整理週成交量的總和 28,801 億，已經大於上檔賣壓的總和 27,953 億，其計算的方式如下：

3,429 億（2008 年 10 月 31 日那一週成交量，餘類推）

＋ 3,610 億 ＋ 2,601 億 ＋ 2,392 億 ＋ 2,683 億 ＋ 2,749 億 ＋

4,266 億 ＋ 3,580 億 ＋ 2,215 億 ＋ 1,276 億 ＝ 28,801 億

（三）從大盤的週成交量即可看出，在 2008 年 12 月 31 日那一週時，上檔的賣壓已被洗清，股價即將反轉向上。其後又多整理了 8 週，盤局整理愈久，浮動籌碼洗得愈乾淨，未來的漲幅愈大。

二、以網通龍頭友訊（2332）股價為例

（一）從週 K 線去觀察，股價最後一波的下殺，是從 2008 年 6 月 13 日那一週開始，連續下殺 20 週到 2008 年 10 月 24 日那一週為止，其間累積的上檔賣壓總張數計算如下：

19,168 張 ＋ 7,939 張 ＋ 17,142 張 ＋ 14,082 張 ＋ 25,138 張 ＋ 24,398 張 ＋ 29,178 張 ＋ 25,668 張 ＋ 30,467 張 ＋ 21,073 張 ＋ 14,714 張 ＋ 11,115 張 ＋ 14,143 張 ＋ 31,841 張 ＋ 22,895 張 ＋ 23,853 張 ＋ 10,626 張 ＋ 9,424 張 ＋ 7,431 張 ＋ 13,832 張 ＝ 374,127 張

（二）友訊是從 2008 年 10 月 31 日那一週開始橫向整理消化上檔賣壓，一直到 2009 年 1 月 17 日那一週，連續整理了 12

週之後，其橫向整理週成交量的總和 387,387 張，已經大於上檔賣壓的總和 374,127 張，其計算的方式如下：

23,917 張 + 21,433 張 + 14,025 張 + 17,411 張 + 43,935 張 + 30,613 張 + 43,216 張 + 35,937 張 + 35,092 張 27,112 張 + 40,564 張 + 54,132 張 = 387,387 張

（三）從友訊的週成交量即可看出，在 2009 年 1 月 17 日那一週時，上檔的賣壓已被洗清，股價即將反轉向上。其後友訊的主力故意又多整理了 6 週，盤局整理愈久，浮動籌碼洗得愈乾淨，未來的漲幅愈大。

68

頭肩底與頭肩頂成交量
的特徵

頭肩底與頭肩頂乃是日 K 線連接起來後，常見的兩種反轉型態。頭肩底形成之後，股價即翻空為多，反轉上漲；頭肩頂形成之後，股價即翻多為空，反轉下跌。

在頭肩底與頭肩頂的反轉型態形成的過程中，成交量扮演著關鍵的角色，非常值得投資人重視與留意。

一、頭肩底形成時，其成交量有下列特徵（參閱圖 9）：

（一）拿低點的成交量來比較

1. 左肩低點的成交量最大，底部低點的成交量次之，右肩低點的成交量再次之。

2. 這表示在探底的過程中，成交量愈來愈少，而賣盤的力道愈來愈弱。

（二）拿高點的成交量來比較

1. 右肩高點的成交量最大，底部高點的成交量次之，左肩高點的成交量再次之。

2. 這表示買盤的力道，一波強過一波，到了確認底部後，買盤大量湧入，才會出現突破頸線的右肩高點之成交量。

圖 9　頭肩底 K 線圖

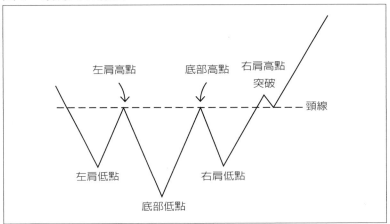

左肩高點

底部高點

右肩高點
突破

頸線

左肩低點

右肩低點

底部低點

郭　語　錄

當頭肩底或頭肩頂的
日 K 線形成後，要
做進一步的確認時，
請拿其高低點的成交
量做比較，即可瞧出
端倪。

二、頭肩頂形成時，其成交量有下列特徵（請參閱圖 10）：

（一）拿高點的成交量來比較

1.左肩高點的成交量最大，從左肩低點彈升至頭部高點的
成交量次之，從頭部低點彈升至右肩高點的成交量再次之。

2.這表示觸頭的成交量愈來愈少，而買盤的力道愈來愈弱。

圖 10　頭肩頂 K 線圖

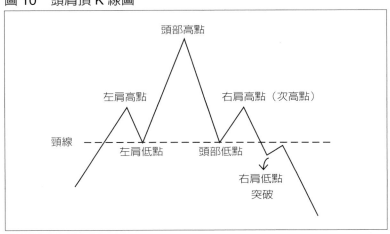

頭部高點

左肩高點

右肩高點（次高點）

頸線

左肩低點

頭部低點

右肩低點
突破

（二）拿低點的成交量來比較

1. 右肩低點的成交量最大，頭部低點的成交量次之，左肩低點的成交量再次之。

2. 這表示賣盤的力道，一波強過一波，到了確認頭部之後，賣盤大量拋出，才會出現跌破頸線的右肩低點的大成交量。

69
量價的 10 個經驗法則

美國華爾街股市有句名言：股市裡充斥著各色各樣的騙子，成交量是唯一的例外。成交量不會說謊，它是唯一能代表股市榮枯的誠實指標，因此在從事股價的漲跌分析時，都必須參考成交量的變化。

股市技術分析專家，為了讓投資大眾對量價變化有正確的認識，根據長期的經驗，整理出一套成交量與股價之間的關係，並藉此研判未來股價的走勢，這就叫做「量價經驗法則」。

量價的經驗法則，可歸納為下列十點：

一、成交量一定是股價的先行指標，沒有量就沒有價，若要有行情，必定先要看到量。

二、當投資大眾對多空看法分歧，對股價漲跌看法愈不一致時，市場人氣愈旺盛，交易熱絡，成交量也愈大。

三、股價若要突破頸線、下降壓力線、一個下殺波段的高點等重要關卡，有兩個必要條件：第一是 K 線要長紅（或是跳空），第二是成交量要放大。最適宜的成交量大約是 10 日平均量的 1.2 倍左右。

四、任何股票出現大量時必有鬼。有時出現的是好鬼，譬如底部區主力的吃貨量；有時出現的是壞鬼，譬如頭部區主力

的出貨量。

　　五、任何股票在上漲時，當天的成交量突然放大至前一日的 1.5 倍以上，都有主力出貨的嫌疑，至少主力也會做出高出低進的洗盤動作。

　　六、任何股票出現大成交量都有其意義，通常大成交量的低點是股價的支撐，而大成交量的高點是壓力。可是，一旦大成交量的高點被突破的話，此處的壓力即變成有效支撐。大量必定是有詐之處，一定要小心應對。

　　七、任何一支股票的底部成交量若大於頭部的成交量，底部股價必定會過頭部股價。通常此種成交的觀察以週成交量為準。

　　八、任何一支股票在上漲過程中，股價的漲幅愈來愈小，但成交量卻相對的愈來愈大，這是主力出貨的訊號。

　　九、股價在突破前高時，量小不過高，量小股價過高乃背離，高點不高。

　　十、價跌量縮並非打底現象，只有價穩量縮才是打底現象。底部有可能是價穩量增、價穩量平、價穩量縮，總之，必定要有價穩現象，量則是比較無所謂。

第八章

....

認識 10 個股票的
經典理論

真理總是只有被少數人所發現。

股票的買進時機就是大多數人說「不可以」的時候。

——馬克斯·甘特

70

群眾理論

所謂「群眾理論」，是指投資人在股市中最容易迷失自己，常被群眾情緒所左右，做出違背常理、衝動、盲目的買賣行為。

群眾理論的立論基礎，來自著名的法國群眾心理學家古斯塔夫・勒龐（Gustave Le Bon）對於「群眾」的研究心得。他對「群眾」的觀點主要有三：

一、群眾意識會取代個人意識

當一群人聚集在一塊兒時，大眾的個人意識會產生微妙的變化而逐漸消失，取而代之的是群眾的意識。

二、群體相互激盪，彼此影響

原本意見南轅北轍的個體，處在一個群體之中，必定相互激盪，彼此影響。這時，他們看不清實際與想像，分不出主觀與客觀，喪失理性，容易起鬨，言詞激烈，並做出許多荒唐怪誕的舉動。

三、個體追隨群體，個人跟隨群眾

許多實例告訴我們，群體對於個體有莫大的影響力，一個在獨處時非常理性、冷靜的人，在群眾裡面可能跟隨群眾得盲目、衝動，或者激進、狂熱、甚至冷酷、殘忍。

勒龐的結論是：在群眾裡面，個人最容易迷失自己，然後盲目地跟著群眾走。

我們若用勒龐的結論去解釋散戶在股市裡的買賣行為，那就再貼切不過了。目前散戶約佔台股投資人之中的七成，他們唯一共同的目標是──短期致富；而他們常犯的毛病都是──追漲殺跌。

事實上，散戶都有一定的知識水準，也都知道不可以追漲殺跌，可是仍然一犯再犯，其故安在？主要是被群眾理論所操縱了。

平常行為舉止很理智的投資人，面對股市，在恐懼與貪婪兩大情緒主導之下，彼此感染，互相影響，輕易地就迷失自己。行情走到頭部，看見大家買，就盲目地跟著買（貪婪情緒作祟）；行情走到底部，看見大家賣，就衝動地跟著賣（恐懼情緒作祟），最後被股市無情的洪流所淹沒。

針對群眾，股票名著《蘇黎士投機定律》一書作者馬克斯‧甘特（Max Gunther）提出真知灼見，他說：「真理總是只有被少數人所發現。股票的買進時機就是大多數人說『不可以』的時候。」

郭 語 錄

投資人在股市中，因為被群眾情緒所左右，所以明知不可追漲殺跌，卻仍然一而再，再而三地犯錯。

71

搏傻理論

所謂「搏傻理論」就是「比傻理論」，是投機行情中充斥的普遍現象，其意義為：只要有人比我更傻，我就能在股市獲利。

先說一則故事。

張三到朋友家做客。主人殷勤地燒了幾道好菜招待他，因一時匆忙，每道菜都忘記放鹽巴，所以淡而無味。

張三吃了幾口之後說：「你的每道菜吃起來為什麼都沒什麼味道呢？」

主人立刻想起忘記放鹽，趕緊在每道菜上灑了一點鹽，並請客人再食用。張三吃了之後，覺得每道菜都非常可口，於是就自言自語道：「菜之所以鮮美好吃，就是因為加了鹽巴之故。只加一點鹽就這麼鮮美，若加多些，一定更好吃了。」

接著，張三自作主張，在每道菜上都灑了大把的鹽，結果當然是被鹹得哇哇大叫。

看完這則故事，你一定會說：「張三這個笨蛋，好傻啊！」

且慢，還有更傻的。

再說一則故事。

主人在出遠門之前，告訴僕人李四說：「你好好守著家門，並且要看好驢子與繩索。」

「知道啦！」

主人走後，李四想到鄰村看戲，但想起主人的告誡，怕有閃失，於是就拆下門板，再用繩索把門板綁牢在驢子背上，就牽著驢子安心到鄰村去看戲了。

李四離去之後，家中門戶大開，隨即遭竊。主人返家後非常生氣，嚴厲質問李四。

李四理直氣壯答道：「報告主人，您只吩咐我看好門板、驢子以及繩索這三樣東西啊？」

看到這裡，你一定會會說：「啊哈！張三已經夠傻了，可是李四比張三還要傻。」

上述這兩則是取材自〈百喻經〉的故事。不錯，這就典型的搏傻。在股市裡的搏傻理論，就是不怕自己是傻瓜而去追高買高，因為只要有人比自己更傻，願意用更高的價錢去買自己的股票，自己就能順利脫手而賺到了錢。

簡言之，這是一種傻瓜贏傻瓜的理論，小傻瓜賺中傻瓜的錢，中傻瓜再去賺大傻瓜的錢，以此類推，一直到最傻的人被套牢為止。

相信搏傻理論的人，必定都是搶短的投資客，縱使在高檔時也敢買進，有點利潤就迅速脫手，傳給下一棒。這很像老鼠會中的一代繁殖一代，其中風險很大，當手中的股票無人接手，也就是沒有人願意以更高價買你的股票時，就會高檔套牢，成為可憐的最後一隻老鼠。

72

醉步理論

所謂的「醉步理論」，是指股價的變化毫無軌跡可尋、也無法預測，它就像一個醉漢的腳步，前後左右搖擺不定，有時前進，有時後退，有時向東，有時向西，毫無規律可尋。

根據醉步理論，今日股價的變動，既非延續昨日股價的變動而來，也不能以此去預測明日的走勢。換言之，今日的股價只是今天的事，不但跟昨天的股價無關，也跟明日的股價無關。總之，今日股價的漲跌，既不受昨日漲跌的影響，也不能影響明日的漲跌。

醉步理論是由美國的保羅・古特（Paul Coote）於 1962 年所創立。他挑選了 45 支股票，以一週為間隔，做長期的觀察，結果發現股價確實呈現醉步移動的現象。

古特教授同時解釋了股價為何會呈現醉步般的移動。他把股市的投資人區分為兩大類，一類是專業者，另一類是非專業者。專業者根據各股的基本分析正確掌握了股票的真實價值，並依據股價的變化對股價的走勢做出較準確的預測，當股票的市價遠低於或遠高於其真實價值時，他們才進入股市買進或賣出，他們從股票的市價（市場價值）與淨值（真實價值）之間的差價賺得利潤。

非專業者屬於無知的一群，他們既不能從各股的基本分析

去了解股票的真實價值，也無法從股價的變化研判出股價未來的走勢，於是他們大都採行盲目的投資，經常追漲殺跌，以較高的價格買進股票，以較低的價格賣出股票。

古特認為，非專業者盲目買賣股票促使股價上下波動，而專業者的理智買賣股票把股價拉至真實價值。這兩股勢力的消長與激盪，造成了股價呈現醉步移動的現象。

醉步理論完全否定了技術分析，認為股價的走勢是不可預測的。這種立論今日看來，不免過於武斷。不過，醉步理論中有一段話：股價呈現醉步移動的走勢，正好是反映了股價移向真實價值的趨勢。這段話很有參考價值。

根據上述的論點，從長期觀之，股價終究會反應其應有的真實價值。因此，投資人若從事長期投資，在股價遠低於真實價值時買進，在股價遠高於真實價值時賣出，必能成為贏家。

73

隨機漫步理論

所謂「隨機漫步理論」，是指股價變化莫測，就好比隨機漫步，根本無法預測。這是美國財經學界於 1950 年發展出來的一套股價理論。

此一理論基於下列三點假設：

一、股價距離其真實價值不遠

股市裡面千千萬萬的投資人，都是精明幹練之士，人人都懂得去蒐集各色各樣的資訊，也知道對上市公司做深入與精闢的分析。在此情況下，股價所反映出來的價值，代表了眾多投資人理性的看法，也表示出在基本分析下算出的合理價位。因此，股價必定距離其真實價值不遠。

二、買進股票後，漲跌機會均等

曾經有專家針對美國的股票做長期的漲跌研究，結果發現：股價狂漲幾倍或暴跌一倍的比率很少，股價大部分都在漲跌一至三成之間遊走。研究專家還指出，買股票要憑運氣，因為買進股票後，漲跌的機會均等。

三、只有新的政經消息才會影響股價

在新的政經消息傳入股市之後，這些消息會促使投資人重新去評估股票的真實價值，並做出買或賣的動作，進而影響股

價的變動。

郭 語 錄

隨機漫步理論全面否定股市分析師，這一點值得台灣的投資人去深思。

由於這些政經消息是突如其來，無人能夠預知的（除非有內線消息），因此這一派專家認為股價根本無法預測，經由技術分析去預測股價走勢是荒謬的。他們完全否定股市的分析師，認為這些人胡說八道，原因是：如果分析師的研究可靠的話，就留下來自己發財，何必公諸於世讓別人致富呢？

隨機漫步理論派的學者更提出一個飛鏢試驗，來支持這個論點。

有一位美國參議員故意用飛鏢去射一份報紙的股票版，從中挑選 20 支股票作為一個投資組合。結果這個胡來的投資組合非但跟股市整體的表現相當，而且比許多基金經理人的投資組合表現得更出色。

隨機漫步理論有其參考價值，但其全面否定技術分析未免失之偏頗，例如本書所介紹的十種技術分析，除了黃金切割率理論之外，若運用得當，準確性相當高。而且其三點假設，亦有值得商榷之處：

一、以台灣股市為例，固然股價有距離其真實價值不遠之時，可是在多頭行情的頭部區，或是在空頭行情的底部區，大部分的股價都距離其真實價值甚遠，前者超漲，後者超跌。

二、以台灣股市為例，若在空頭行情的底部區買進之後長期持有，漲價的機會遠大於跌價的機會。相反的，若在多頭行情的頭部區買進之後長期持有，跌價的機會遠大於漲價的機會。

三、本書所介紹的道氏股價理論、艾略特波浪理論、趨勢

線理論、扇形理論、移動平均線理論、費波南希數列、缺口理論、股票箱理論等技術分析，再配合量價關係研究，若能融會貫通，對研判股價的走勢準確度很高，不可全盤加以否定。

74

尾盤理論

所謂「尾盤理論」乃是指就短線而言，尾盤是每天交易最重要的時刻，搶短線的投機客可以根據今天尾盤的利多或利空消息，準確地預測出明天開盤股價的漲跌。

根據以往股市的交易經驗可知，每天收盤前半小時左右，是股價波動最厲害的時刻，主力會在此刻興風作浪，或是哄抬作價或是摜盤壓價，使得某支原本下跌的股票，會在尾盤突然由黑翻紅，也有某支原本上漲的股票，突然在尾盤由紅翻黑。

另外，此刻也是各種好壞消息湧進股市最多之時，短線的投資人可利用此時的利多或利空消息去推測最短期的走勢，進而做多或做空，賺取短線價差。

舉例來說，某支股票在尾盤之時，傳來產品漲價、獲利超乎預期、高額配息、無償配股、售出土地等利多消息，此利多消息會刺激買盤敲進，有可能很快就拉到漲停而買不到。

明早一開盤，通常在昨日尾盤買不到的投資人會繼續敲進，造成股價延續昨日尾盤的漲勢，持續上漲。因為在短期內，整個市場充滿了樂觀的氣氛，所以昨天尾盤因利多消息而上漲，今天開盤繼續上漲的機率相當高。

相反的，某支股票在尾盤時，傳來產品跌價、獲利不如預期、廠房失火、工人罷工等利空消息，此利空消息會刺激賣盤

殺出，有可能很快就打到跌停賣不出去。

明早一開盤，通常在昨日尾盤賣不出去的投資人會繼續殺出，造成股價延續昨日尾盤的跌勢，持續下跌。因為在短期內，整個市場充滿了悲觀的氣氛，所以昨天尾盤因利空消息而下跌，今天開盤繼續下跌的機率相當高。

總之，對做短線的投資人而言，今日尾盤的利多利空的消息，其或漲或跌的效應會從尾盤延續到明日開盤的短暫時刻，投資人可趁此機會做多或放空，搶個短線。

不過，投資人運用尾盤理論搶短賺價差時，必須留意下列三點：

一、手腳要快

既然是投機搶短，手腳一定要快，以免錯失機會。

二、千萬不可貪心

只要賺到價差，立刻獲利了結。倘若貪心，股價走勢驟變，那就偷雞不成反而蝕把米了。

三、確實掌握消息的可靠性

萬一今日尾盤傳來的消息，在收盤後證實是謠言的話，那麼明日早盤的走勢就會完全不同了。

75
趨勢理論

所謂「趨勢理論」就是順勢而為，指的是跟大勢做朋友，順著趨勢操作股票的意思。它又稱為「亞當理論」。

換言之，當市場確定走多頭行情時，順著趨勢做多不做空；反之，當市場確定走空頭行情時，順著趨勢做空不做多，也就是順勢而為。

當整個大勢走入多頭行情時（即艾略特波浪理論中的前面五波），股價從長期觀察，很明顯地必定是上升的趨勢，其間縱使有回檔，也是大漲小跌，根本不影響其長期上升的趨勢。

此時，投資人只宜做多買進股票，不可放空股票。因為股市的多頭行情，必定是政治穩定、經濟繁榮、資金充沛、人氣旺盛等多項因素所促成的，只要上述的條件不變，縱使一時回檔，很快就會回到上升的走勢，所以只宜做多不可放空。

反之，當整個大勢走入空頭行情時（即艾略特波浪理論中的後面三波），股價從長期觀察，很明顯地必定是下跌的趨勢，其間縱使有反彈，也是大跌小漲，不影響其長期下跌的趨勢。

此時，投資人只宜放空股票，不可做多買進股票。因為股市的空頭行情，必定是政治動盪不安、經濟蕭條、資金匱乏、人氣衰竭等多項因素所促成的，只要上述的條件不變，縱使一時反彈，很快就會回到下跌的走勢，所以只宜放空不可做多。

　　趨勢理論是由著名的威爾斯‧威爾德（J. Welles Wider Jr.）
所創立的，股市短線的分析工具 RSI 也是他發明的。不過，他
認為趨勢理論比 RSI 重要。

　　趨勢理論的精義包括：

　　一、順勢者昌，逆勢者亡。在股市務必要敬畏大盤，順勢
而為，萬萬不可逆勢而為，因為在多頭行情時，漲了可以再
漲，在空頭行情時，跌了可以再跌。

　　二、如果看錯了行情，既不丟臉，也不可恥，只要馬上認
錯改變方向就好了。最糟的是死不認錯，拚命找藉口為自己辯
護，那只會使自己愈陷愈深。

　　三、操作股票最重要的是要做對趨勢，至於技術分析與基
本分析都只是輔助的工具。

　　四、投資股票，除了善設停損之外，資金也應分批投入，
以便萬一看錯趨勢時，不但有轉圜的空間，而且也才有回頭補
救的機會。

76
長期友好理論

所謂「長期友好理論」，是指就十年以上的長期投資而言，投資人必須跟股票為友做多，不可以跟股票為敵做空。

為什麼必須跟股票友好做多，不可以跟股票敵對做空呢？因為就十年以上的長時間去觀察股市，股價是看漲不看跌的。

長期友好理論是由英國著名的經濟學家凱恩斯所提出的。他認為，在管理技巧精進，生產效率提高，科技一日千里等客觀條件之下，全世界的經濟只會愈來愈繁榮，而不會愈來愈衰退。在經濟繁榮的前題下，通貨會繼續膨脹，貨幣逐漸貶值，而股價則會不斷上漲。

凱恩斯不但提出股票理論，而且身體力行，1946 年，他 63 歲時因心臟病去世，留下 45 萬英鎊的遺產，據說都是投資股票長期做多賺來的。

就十年以上長期觀察，股價真的是看漲不看跌嗎？根據美國有關單位長期的統計，股市有 55％的日子是上漲的，有 45％的日子是下跌的。由此可見上漲的機會率大於下跌的機率。台灣股市的情況跟美國相近。

我們再從投資報酬率去觀察，長期投資股市，其年平均投資報酬率跟經濟成長成正比。換言之，任何國家的經濟愈繁榮，經濟成長率愈高，其股市的投資報酬率就愈高。

　　就十年以上的長期投資而言，美國紐約股市、英國倫敦股市以及日本股市，其年平均報酬率在 12％左右，而台灣股市則達到 17％左右。台灣近 40 年來的經濟成長率高於美英日等已開發國家，因此股票的年平均報酬率才會高於上述這些國家。

　　台灣的股市於 1966 年，加權指數從 100 點起漲，20 年後，於 1986 年漲到 1000 點；又走了 4 年，於 1990 年 2 月漲至 12682 點，同年 10 月跌至 2485 點；到 1997 年 8 月，又攀升至 10256 點，1 年半後，於 1999 年 2 月跌至 5422 點；僅 1 年時間，於 2000 年 2 月又攀升至 10393 點，接下來 1 年 7 個月時間，於 2001 年 9 月跌至 3411 點；接著花了 6 年 1 個月，於 2007 年 10 月才又攀升至 9859 點，接著花了 13 個月，於 2008 年 11 月又跌至 3955 點；接著花了 9 年 3 個月，於 2018 年 1 月又攀升至 11270 點。這 52 年平均下來，投資人的年投資報酬率大約是 17％。

　　若干投資人受到長期友好理論的影響，買進績優股之後即一、二十年長期持有，其實投資股票獲利最大的方式應該是依據艾略特波浪理論，大盤在走多頭行情的五波時勇於做多，大盤在走空頭行情的三波時勇於做空，詳情請參考第 25、75、95 節。

77

反射理論

郭 語 錄

喜愛短線進出的人，
必須好好研究索羅斯
的操盤技巧，因為他
是高手之中的高手。

全美國密密麻麻的基金經理人裡面，你知道誰的績效最好嗎？他不是國人耳熟能詳的股神華倫·巴菲特，也不是全美基金經理人公認的投資大師彼得·林區（Peter Lynch），而是以做短線投機聞名全球的喬治·索羅斯（George Soros）。

巴菲特從 1965 年以來，其經營的波克夏哈薩威公司（這是一家控股公司，除了投資股票之外，旗下有保險、傳播、出版、糖果、製造、清潔用品製造等）的年平均投資報酬率達到 27.7％；林區在 1977 至 1990 年的 13 年間（他在 1990 年退休）操盤富達麥哲倫基金的年平均報酬率達 29％；索羅斯從 1969 年至 1995 年間，操作量子基金（Quantum Fund）之年平均報酬率高達 35％，即使從 1969 年算到 2008 年，量子基金的年平均報酬率亦達 30％。

巴菲特與林區都是深入研究股票，在股票跌破其真實價值時買進，並進行長期投資。而索羅斯則是短期投機的頂尖高手，他縱橫全球金融市場，擅長股票與債券的炒作，也精通匯率與利率等相關高風險衍生性商品的操作。

索羅斯在 1992 年放空英鎊，根本不理會英國央行的干預，大賺了 10 億美元，名聞遐邇。他在 2007 年的金融風暴中，放空次級抵押貸款類證券中賺進 29 億美元，他是少數在這次次貸

風暴中聲望日隆的基金經理人之一。

索羅斯之所以能在全球金融市場大進大出，呼風喚雨，無往不利，乃是基於下列三點獨特信念：

一、用反射理論去解釋股價的波動

所謂「反射理論」，是指甲的行為刺激了乙，並改變了乙，乙回過頭來也刺激了甲，並改變了甲。

以股票市場為例，短線投機客用大筆資金敲進某支股票，這時公司可以賣光持股離開股市，然而基於反射理論，索羅斯認為公司派不會賣光股票，而會利用寬鬆的資金進行擴廠或購併，提高公司的獲利率，回過頭來使股價更創新高。

二、相信趨勢就是朋友

索羅斯只跟趨勢做朋友，當趨勢仍然走多頭行情時，不怕股價高，照樣大筆敲進。並在趨勢轉變之前，迅速獲利了結。

他對短期會大漲的股票最感興趣。他不喜愛景氣循環股，因為等待的時間太久了。

索羅斯與趨勢為友的做法與王爾德的趨勢理論完全吻合，讀者請參閱第 75 節〈趨勢理論〉。

三、對股價的預期決定買賣的行為

投資人買賣股票不是基於供需，而是著眼於對未來股價的預期。

索羅斯認為，當投資人預期股價會下跌時才會趕緊賣出股票，當投資人預期股價會上漲時就惜售抱牢了。因此，他得到一個結論：買賣股票的行為，完全基於投資人對股價的預期。

股票名著《蘇黎士投機定律》一書作者甘特曾說：「某一支

股票不會因會計帳目中有一堆抽象數字而上漲，甚至也不是因為公司將來前景良好，而是因為人們設想前景是好的。」其觀點正好與索羅斯不謀而合。

235

78

雞尾酒會理論

彼得·林區素有最勤快基金經理人的美譽，也是全美專業基金經理人公認的投資大師，他在 1977 至 1990 的 13 年間，負責操作富達麥哲倫基金，每年的平均投資報酬率高達 29％。

林區操作富達麥哲倫基金的卓越表現，不但使投資人對他佩服得五體投地，也使得該基金成為全世界規模最大的單一基金。

林區非常重視上市公司的獲利能力與真實價值，他投資股票採行長期投資，不但重視每一家投資公司的財務報表，而且經常跟該公司的負責人保持密切的聯繫，以便隨時隨地掌握所持有股票公司的最新動態。

他有一套膾炙人口的雞尾酒會理論，不但饒有興味，亦富啟示。林區藉著雞尾酒會中，賓客們對股票的反應，準確地研判出多頭行情中不同階段的演變。

在雞尾酒會裡面，林區手持酒杯站在靠近吧檯處，聆聽附近十位賓客談論他們投資股票的種種心得。

第一階段：對股票興趣缺缺

在多頭行情的第一個階段裡面，股價走高了一點，立刻又

回檔，沒有人預料還會上揚。賓客們都不談股票，當林區自我介紹說自己負責操作富達麥哲倫基金時，別人禮貌性跟他握握手、點點頭就離開了。

第二階段：對股票仍無興趣

在多頭情的第二個階段裡面，股價大約上漲 15%，當林區說出自己負責一個股票型的共同基金之後，引不起賓客們太大的注意，他們客氣地跟林區招招手，寒喧了幾句，紛紛說道：「目前的股票市場真不穩定。」

第三階段：對股票興致高昂

在多頭行情的第三階段裡面，股價比第二階時又上漲了 30%。當賓客們知道林區的職業之後，整晚圍繞著他，大家都興致高昂地暢談股票。很多人還不動聲色地把林區請到一旁，私底下請教他該買什麼股票。

第四階段：賓客向林區推薦股票

在多頭行情的第四階段裡面，賓客們再度圍繞在林區的身旁，可是這一次並非向林區請教該買什麼股票，而是反過來向林區推薦該買什麼股票。妙的是，賓客們所推薦的股票在幾天之內全部漲了。這時，甚至鄰居也跑來告訴林區該買什麼股票。當人人都向林區推薦該買何種股票時，也就是股價到頂之時，接下來就是空頭行情了。

這就是林區的「雞尾酒會理論」。

> **郭 語 錄**
>
> *雞尾酒會理論的四個階段，反應的是股市之中的群眾心理。*

79

擦鞋童理論

所謂「擦鞋童理論」，是指股價走到頭部的現象；也就是說，當街上擦鞋童開口閉口都在談論股票之時，即表示股價的多頭行情即將走完，隨即就要反轉走入空頭行情了。

此一理論有事實根據。美國華爾街股市從 1921 年 11 月至 1929 年 10 月為止，持續走了 95 個月的多頭行情，股價漲幅高達 5 倍，當時只要敢冒險去買股票，大都賺錢。於是，股票變成當時美國社會最熱門話題，可以說家家買股票，人人談股票，就連紐約市街頭識字不多的擦鞋童也是滿口股票經。

可是好景不常，到了 1929 年的 10 月 24 日，多頭行情終於走完，演出恐怖的黑色星期四，股價崩跌，走入長達 33 個月的空頭行情，總共暴跌了九成。後來，美國的財經專家即以擦鞋童大談股票經，作為股市熱絡到極點的表徵，並發展出擦鞋童理論。

我們若進一步從各方面去分析，就會發現此一理論非常有道理。

一、從資金面而言，若連原本不注意股市的人（譬如擦鞋童）都大談股票經時，股票已成為全民運動，表示可動用的資金均已投入股市，接著因無後續資金來推升股市，股價必跌。

二、從技術面而言，多頭行情走到最後時，因為投資人一致看好，必定造成瘋狂一面看多總買進的現象。這時，股價全面上漲，可是買氣用盡之後，必定盛極而衰，最後一定會多殺多崩盤暴跌。

三、從實際面而言，到了多頭行情的末升段，主力、大戶、外資、投信、自營商、大股東全跑光了，剩下一些不怕死的散戶、投機客以及死多頭，行情當然很快就結束了。

四、中國的易經最精彩的部分，就是談到兩極、陰陽、樂極生悲、否極泰來、物極必反等概念。把此概念運用在解釋股價的漲跌走勢，原本漲太多了必會跌，跌太深了必會漲，這是很自然的現象，不足為奇。

另外要特別留意的是，擦鞋童理論中的「擦鞋童」並非一定指擦鞋的童子而已，它其實是個代名詞，泛指不應與股市發生關係的人。

舉 1990 年 2 月的台灣股市為例，情況和 1929 年 10 月的美國華爾街股市一模一樣，人人談股票，整個台灣社會為股票而瘋狂，醫生上午做股票而不看病，公務員邊聽行情邊上班，老師不好好教書，司機不開車，工人不做工，大家都擠進號子裡面，甚至連學生、和尚、尼姑等都出現在股市，這些學生、和尚、尼姑等都是另類打扮的擦鞋童。

果不其然，過不多少台股就崩盤了。

郭 語 錄

擦鞋童理論正好用來說明投資大眾一窩蜂盲目的心理。

第九章

....

頭部出現的 10 個訊號

和底部區一樣，
每一次股價在大漲之後出現的頭部區，
不是用猜的，
它也有 10 個蛛絲馬跡可尋。

80
成交量暴增

天下，分久必合，合久必分；而股價，跌久必漲，漲久必跌。不論股價漲升的氣勢多麼旺盛，終必有衰竭回跌之日。

在多頭行情的初升段（即艾略特波浪理論中的第一波）與主升段（即艾略特波浪理論中的第三波），成交量會跟隨股價的緩和上漲，呈現溫和逐步增加的現象。其間交易熱絡，換手積極，股市欣欣向榮，股價上漲雖不猛烈，但持久不衰。

到了多頭行情的末升段（即艾略波浪理論中的第五波），由於股價不斷地上漲，原先放空或空手的投資人，眼見一片好景，均轉空為多，紛紛買進，於是整個市場形成總買進的現象。總買進造成股價全面暴漲，而且成交量遞增，不但接近以往的最高紀錄，甚至突破以往的最高記錄。因此，成交量暴增是股價到頭的第一個訊號。

根據以往的經驗法則顯示，在多頭行情的末升段，當股價全面暴漲，而且成交量遞增，接近或突破以往的最高記錄時，即可研判股價抵達頭部，天價快要產生了。

請留意，此種成交量暴增的現象，必須要從月 K 線才能看出端倪。我們就舉台股 31 年來三次在多頭行情的末升段裡，成交量暴增的現象來說明。

第一次是在 1990 年的 2 月，當月的成交量從前一個月的 23,439 億暴增至 35,245 億，亦是末升段最大量的月份。事後證明，1990 年 2 月的 12682 點是那一波多頭行情的天價。（請參閱附錄的附圖 22）

第二次是在 1997 年的 7 月，當月的成交量從前一個月的 38,150 億暴增至 51,972 億，亦是末升段最大量的月份。事後證明，隔一個月的 10256 點是那一波多頭行情的天價。（參閱附錄的附圖 23）

第三次是在 2007 年的 7 月，當月的成交量從前一個月的 30,067 億暴增至 50,316 億，亦是末升段最大量的月份。事後證明，隔三個月的 9859 點是那一波多頭行情的天價。（參閱附錄的附圖 24）

第四次是在 2018 年的 1 月，當月的成交量是從前一個月的 24,555 億增加至 30,695 億，此次僅能說增加，不能說是暴增。但這也是此次循環第五波的最大量。就整個多頭循環的五波而言是次高量，最大量出現在 2009 年 5 月的 35,070 億。

用月成交量的暴增去研判頭部浮現，有三點必須特別留意：

一、月 K 線代表的是趨勢，因此必定要從月成交量才能判斷成交量是否暴增。

二、月成交量暴增表示頭部即將浮現，此頭部的天價有時就在當月（如 1990 年 2 月），有時出現在隔月（如 1997 年 7 月），有時出現在隔兩、三個月（如 2007 年 10 月）。

三、若配合出現量價背離，則頭部更加確立。以 2007 年 7

郭 語 錄

股價走到多頭行情的末升段，成交量都會暴增。

月與 10 月為例，7 月出現暴量 50,316 億，而加權股價指數達
9807 點；10 月時，加權股價指數達 9859 點，但月成交量縮小
為 35,491 億，明顯地量價背離，明顯告訴我們，此處必定是頭
部區。（參閱附錄的附圖 24）

81
月 K 線走完艾略特的
前面五個波段

這是大盤走到頭部的第二個訊號。

艾略特認為，股價（適用在美、日、韓、中、台等任何股市）必定在一個完整的八波段中循環不已，此種循環就好比大自然的春夏秋冬與人類的生老病死，永遠周而復始。

股價在一個完整走勢的八波段中，前面五個波段是多頭行情，而後面的三個波段是空頭行情。在多頭行情的五個波段中，第一、第三、第五是上升，而第二、第四是回檔整理。在空頭行情的三個波段中，第六、第八是下跌，而第七則是反彈整理。（參閱第 69 頁圖 1）

要證實艾略特的前面五個波段是否走完，一定要從月 K 線去觀察（切記，不是週 K 線，更不是日 K 線），因為月 K 線代表的是長天期的走勢，代表的是趨勢。只有從月 K 線去剖析，才能研判多頭行情的五個波段是否已經走完。

以台股為例，從月 K 線去觀察，31 年來有三個前面五波段走完的實例。

第一個實例是從 1987 年 1 月的 1039 點上漲到 1990 年 2 月

的 12682 點。其間五波段的高低點如下（參閱附錄的附圖 25）：

一、第一波是從 1039 點上升至 4796 點。

二、第二波是從 4796 點回檔整理至 2241 點。

三、第三波是從 2241 點上漲至 8813 點。

四、第四波是從 8813 點回檔整理至 4645 點。

五、第五波是從 4645 點上漲至 12682 點。

第二個實例是從 1990 年 10 月的 2485 點上漲到 1997 年 8 月的 10256 點。

其間五波段的高低點如下（參閱附錄的附圖 26）：

一、第一波是從 2485 點上漲至 6365 點。

二、第二波是從 6365 點回檔整理至 3098 點。

三、第三波是從 3098 點上漲至 7228 點。

四、第四波是從 7228 點回檔整理至 4474 點。

五、第五波是從 4474 點上漲至 10256 點。

第三個實例是從 2001 年 9 月的 3411 點上漲到 2007 年 10 月的 9859 點。其間五波段的高低點如下（參閱附錄的附圖 27）：

一、第一波是從 3411 點上漲至 6484 點。

二、第二波是從 6484 點回檔整理至 3845 點。

三、第三波是從 3845 點上漲至 7135 點。

四、第四波是從 7135 點回檔整理至 5255 點。

五、第五波是從 5255 點上漲至 9859 點。

第四個實例是從 2008 年 11 月的 3955 點上漲到 2018 年 1

月的 11270 點，其間五波段的高低點如下（參閱附錄的附圖 28）：

一、第一波是從 3955 點上漲至 9220 點。

二、第二波是從 9200 點回檔整理至 6609 點。

三、第三波是從 6609 點上漲至 10014 點。

四、第四波是從 10014 點回檔整理至 7203 點。

五、第五波是從 7203 點上漲至 11270 點（截至 2018 年 1 月已走 9 年 3 個月多頭，再漲機率小）。

郭 語 錄

11270 點很有可能是第四次循環多頭的高點。

82

最大量月 K 線的低點被跌破

從月 K 線去觀察，股價明顯地走完了艾略特波浪理論中前面的五個波段（參閱第 81 節），而在第五波末升段中最大量月 K 線的低點被跌破時，頭部區再度被確認，這是大盤走到頭部的第三個訊號。

我們舉台股的實例來說明。

第一個實例是從 1987 年 1 月的 1039 點起漲，走五波多頭行情，一直到 1990 年 2 月的 12682 點為止。

此波多頭行情的最大月成交量出現在 1990 年 2 月的 35,245 億，結果這一根最大量月 K 線的低點 10995 點在 1990 年 3 月就被跌破，宣告頭部成立。（參閱附錄的附圖 29）

第二個實例是從 1990 年 10 月的 2485 點起漲，走五波多頭行情，一直到 1997 年 8 月 10256 點為止。

此波多頭行情的最大月成交量出現在 1997 年 7 月的 51972 億，結果這一根最大量月 K 線的低點 8988 點在 1997 年 9 月就被跌破，宣告頭部成立。（參閱附錄的附圖 30）

第三個實例是從 2001 年 9 月的 3411 點起漲，走五波多頭

行情，一直到 2007 年 10 月的 9859 點為止。

此波段多頭行情的最大月成交量出現在 2007 年 7 月的 50,316 億，結果這一根最大量月 K 線的低點 8849 點在 2007 年 11 月就被跌破，宣告頭部成立。（參閱附錄的附圖 31）

郭 語 錄

最大量月 K 線的低點若被跌破，情況就不妙。

第四個實例是從 2008 年 11 月的 3955 點起漲，走五波多頭行情，一直到 2018 年 1 月的 11270 點為止。

此波段多頭行情的最大月成交量出現在 2018 年 1 月的 30,695 億，結果這一根最大量月 K 線的低點 10650 點在 2018 年 3 月仍未被跌破，故頭部仍舊未明朗。（參閱附錄的附圖 32）

運用「最大量月 K 線的低點被跌破」來判斷股價是否抵達頭部區，必須留意三點：

一、當頭部區成立時，最大量月 K 線的低點通常會被一根月長黑 K 線跌破。

二、多頭行情中的末升段（即第五波）通常不易被確認，這必須具備豐富的 K 線經驗，並從月 K 線中細心地去尋找。

三、本 82 節其實就是第 80 節的延續。

83

月 KD 在 80 附近
形成死亡交叉

從月 K 線去觀察，股價明顯地走完了艾略特波浪理論中前面的五個波段（請參閱第 81 節），月 KD 在 80 附近形成死亡交叉時，亦即月 KD 中的 K 線在 80 附近向下交叉 D 線時，這是大盤走到頭部的第四個訊號。

搜尋台股 31 年來的月 K 線線形，曾經有 11 次月 KD 中 K 線在 80 附近向下交叉 D 線 (即俗稱死亡交叉)，茲說明如下：

第一次是在 1988 年 10 月，K 線以 77.57 向下交叉 D 線 78.78，而前一個月（1988 年 9 月）的 K 線仍為 87.87。

第二次是在 1989 年 11 月，K 線以 80.52 向下交叉 D 線 82.64。

第三次是在 1990 年 3 月，K 線以 74.81 向下交叉 D 線 79.16，而前一個月（1990 年 2 月）的 K 線仍為 81.54。

第四次是在 1994 年 11 月，K 線以 73.85 向下交叉 D 線 77.64，而前一個月（1994 年 10 月）的 K 線仍為 81.33。

第五次是在 1997 年 3 月，K 線以 87.48 向下交叉 D 線 87.70。

第六次是在 1997 年 5 月，K 線以 84.50 向下交叉 D 線 86.78。

第七次是在 1997 年 9 月，K 線以 78.32 向下交叉 D 線 85.55，而前一個月（1997 年 8 月）的 K 線仍為 89.80。

第八次是在 2000 年 4 月，K 線以 72.74 向下交叉 D 線 76.02，而前一個月（2000 年 3 月）的 K 線仍為 81.42。

第九次是在 2004 年 4 月，K 線以 73.27 向下交叉 D 線 81.41，而前一個月（2004 年 3 月）的 K 線仍為 85.85。

第十次是在 2007 年 8 月，K 線以 81.06 向下交叉 D 線 85.40。

第十一次是在 2007 年 11 月，K 線以 74.52 向下交叉 D 線 81.70，而前一個月（2007 年 10 月）的 K 線仍為 86.70。

第十二次出現在 2010 年 2 月，K 線以 75.13 向下交叉 D 線 80.68，而前一個月（2010 年 1 月）的 K 線仍為 83.59。

第十三次出現在 2011 年 3 月，K 線以 80.22 向下交叉 D 線 80.66。

第十四次出現在 2011 年 6 月，K 線以 73.57 向下交叉 D 線 79.20，而前一個月的 K 線仍為 83.49。

第十五次出現在 2014 年 7 月，K 線以 84.79 向下交叉 D 線 90.37。

第十六次出現在 2015 年 6 月，K 線以 72.78 向下交叉 D 線 77.81，而前一個月（2015 年 5 月）的 K 線仍為 82.01。

第十七次出現在 2017 年 9 月，K 線以 89.35 向下交叉 D 線 91.08。

第十八次出現在 2017 年 11 月，K 線以 86.38 向下交叉 D

線 89.66。

運用此法研判頭部的出現，必須留意下列兩點：

一、月 KD 會走到 80，表示股價已經漲了一大段，很可能已經走完主升段或是走完末升段。

二、月 KD 在走到 80 之後出現死亡交叉，從上述十八次的歷史經驗來看，不是出現在末升段（第五波）的頭部區，就是出現在主升段（第三波）的頭部區，很有參考價值。

84

5 月 RSI 呈現背離

郭 語 錄

日 RSI 是用來研判短
線股價走勢，月 RSI
則是用來研判長線股
價的走勢。

SI 乃是英文 Relative Strength Index 三個英文字的縮寫，直接翻譯成中文就叫做「相對強弱的指標」，是一種非常普通的技術分析工具。

　　RSI 乃是王爾德的創見（他另外創立了著名的趨勢理論，參閱本書第 75 節）。他長期觀察商品價格的變動之後發現，任何商品價格的變動都有軌跡可尋；商品的價格若在短期內漲幅過高或跌幅過深，脫離正常價格軌道時，最後仍舊會回到原來正常價格軌道上。基於上述的認識，王爾德計算出某種商品一段時間內價格變動的強弱指標（即 RSI），從中預測出該商品未來價格的變動。

　　因為王爾德用 RSI 預測商品價格的變動，有一定的準確性，所以就有人把這套理論運用在預測股價的變動上。結果發現 RSI 在預測短期股價的變動，也有相當的準確性，因此乃逐漸被投資人所重視。

　　RSI 依計算時間的長短，可分為 5 日 RSI、10 日 RSI、20 日 RSI 等。台股盛行短線，最重視 5 日 RSI，其應用原則如下：

一、RSI 以 20、50、80 為三個重要的數值。

二、RSI 50 是股價強弱的分水嶺，超過 50 反應股價較強，

低於 50 則屬弱勢。

三、當某支股票的 RSI 低於 20 之時，表示該股已經進入超賣區，未來短線反彈的機會很大；當某支股票的 RSI 高於 80 之時，表示該股以進入超買區，未來短線回檔的機會很大。

不過，上述三個應用原則僅適用在短線的進出，若要尋找大盤的頭部區，一定要從 5 月 RSI 去研斷。

從月 K 線去觀察，當 5 月 RSI 呈現背離，亦即股價持續創新高，而 5 月 RSI 卻不再創新高時，宣告頭部區出現，這是頭部區出現的第五個訊號，多單要全數出場。

從台股 31 年的歷史經驗去驗證，每次股價走到末升段做頭時，必定會出現 5 月 RSI 背離的現象，下面用實例來說明。

第一次走到末升段出現 5 月 RSI 背離是在 1990 年 1 月，當月的股價 12054 點，5 月 RSI 78.16；而 1989 年 10 月的股價 10602 點，5 月 RSI 80.13，很明顯地股價創新高，而 5 月 RSI 下跌，兩者出現背離。（參閱附錄的附圖 33）

第二次走到末升段出現 5 月 RSI 背離是在 1997 年 7 月，當月的股價 10066 點，5 月 RSI 90.25；而 1997 年 4 月的股價 8485 點，5 月 RSI 92.28，很明顯地股價創新高，而 5 月 RSI 下跌，兩者間出現背離。（參閱附錄的附圖 34）

第三次走到末升段出現 5 月 RSI 背離是在 2007 年 10 月，當月的股價 9711 點，5 月 RSI 85.16；而 2007 年 7 月的股價 9287 點，5 月 RSI 94.24，很明顯地股價創新高，而 5 月 RSI 下跌，兩者間出現背離。（參閱附錄的附圖 35）

第四次走到末升段出現 5 月 RSI 背離是在 2017 年 10 月，當月的股價 10793 點，5 月 RSI 為 83.07；而 2017 年 8 月的股價 10585 點，5 月 RSI 為 96.29，很明顯股價創新高，而 5 月 RSI 下跌，兩者間出現背離。（參閱附錄的附圖 36）

除了上述四次 5 月 RSI 出現在股價末升段的做頭背離之外，還有一次 5 月 RSI 背離出現在 2000 年 3 月，當月股價 9854 點，5 月 RSI 74.88；而 2000 年 1 月的股價 9744 點，5 月 RSI 78.50，很明顯地股價創新高，而 5 月 RSI 下跌，兩者間出現背離，結果隔月（2000 年 4 月）就長黑下跌。（參閱附錄的附圖 37）

郭 語 錄

我認為月 KD 在 80 附近形成死亡交叉、5 月 RSI 背離，而且股價又跌破上升趨勢線，這時股價走空的可能性高達八成以上。

85

M1b 與 M2 形成死亡交叉

所謂 M1b 與 M2 形成死亡交叉，是指 M1b 從上向下穿越 M2 形成交叉，這是股價的頭部出現的第六個訊號。

需要知道什麼是 M1b 與 M2，必須先弄清楚什麼是 M1、M2、M3，上述三者雖然都代表了貨幣供給額，彼此之間還有關聯，可是其意義卻不相同。

一、M1

（一）M1 就是通貨淨額加上存款貨幣淨額。

（二）通貨淨額是指，中央銀行所發行之貨幣（含紙幣與輔幣）流通在銀行體系（含央行及商銀）之外的部分（即實際發行通貨減去央行及商銀的庫存現金）。

（三）存款貨幣淨額是指，社會大眾存在商業銀行的貨幣。

M1 依存款種類的不同，又可分為 M1a 與 M1b。

（一）M1a 等於是通貨淨額加上支票存款（含本票、保付支票、旅行支票）再加上活期存款。

（二）M1b 等於 M1a 加上活期儲蓄存款。

二、M2

（一）M2 就是 M1b 加上準貨幣。

（二）準貨幣包括：定期存款、定期儲蓄存款、郵局轉存款、外幣存款、外匯存款、外匯信託資金、外幣定期存單。

三、M3

M3 就是 M2 加上政府債券。

從上述的說明可知，M1b 其實就是通貨淨額加活存，而 M2 其實就是通貨淨額加定存。當 M1b 從上向下穿越 M 2 形成死亡交叉時（參閱第 180 頁圖 8），即告訴我們，原本在股市中流動的活期定存已離開股市轉入定存。

既然資金離開股市轉入定存，當然就是股價頭部區到來了。

有關 M1b 與 M2 的黃金交叉與死亡交叉，請參閱本書第 56 節。

郭 語 錄

當 M1b 與 M2 形成死亡交叉時，表示資金已經離開股票市場跑到銀行的定存。

86

股價跌破上升趨勢線

所謂「上升趨勢線」，是指當股價走到多頭行情的末升段（即第五波）時，連接股價波動的兩個低點劃一條直線，即成為上升趨勢線。

上升趨勢線又可分為原始上升趨勢線與修正上升趨勢線。

股價每天不同地走動，K 線形成的低點很多，到底要如何連接呢？由第一低點與第二低點連接的原點上升趨勢線，與由第二低點與第三低點連接的修正上升趨勢線，這兩條最具有支撐效果，也是研判股票是否賣出的重要參考指標。（參閱附錄的附圖 16）

另外有一點要切記，在畫上升趨勢線時，必須要含下影線，亦即以下影線的低點為準。

運用上升趨勢線尋找賣點的四個原則如下：

一、愈平緩的上升趨勢線，參考價值越高；愈陡峭的上升趨勢線，參考價值越低。一般上升趨勢線都在 45 度左右。

二、當股價跌破修正上升趨勢線（較陡峭那一條）時，即應分批賣出持股。

三、當股價跌破原始上升趨勢線（較平緩那一條）時，即應全數賣出的持股。

四、若股價下跌，但沒有跌破修正上升趨勢線時，多頭行情未變，不用賣出持股。

由上述說明可知，股價一旦有效跌破上升趨勢線，就是頭部出現的第七個訊號。

也有投資人以股價跌破 22 日移動平均線做為賣出訊號，此法與跌破上升趨線有異曲同工之妙，可互相參考使用。

259

87

政府一連串干預動作

政府不只是在股市低迷，股價接近底部區時，會有一連串干預的動作（請參閱第 17 節），每當股價位在頭部區，暴漲的太不像話時，亦會有一連串的干預動作。

以台灣為例，財政部或金管會在股價的初升段或主升段時，大都不會干預。可是到了末升段，眼見股價飆漲得太離譜，恐怕追漲的投資人慘遭高檔套牢，常有下列的動作：

一、中央銀行調高重貼現率與存款準備率。

二、中央銀行透過市場操作，收受銀行轉存款及標售國庫券等，沖銷資金，逐步緊縮貨幣。

三、各銀行紛紛調高存款利率。

四、開徵證券交易所得稅。

五、擴大股價的漲跌幅。譬如說，宣布考慮漲跌幅從 7％ 擴大至 10％。

六、金管會公開宣布嚴加控管飆漲的股票。

七、國安基金、退撫基金、勞保基金、勞退基金等四大基金大量釋出股票。

因此，政府一連串干預動作是股價到頭的第八個訊號。

88
日 K 線形成做頭形態

郭 語 錄

當月 K 線走完艾略特
的前面五個波段，月
KD 在 80 附近形成死
亡交叉，日 K 線又形
成做頭形態，這個多
頭行情九成要掛了。

這是頭部區的第九個訊號。

大盤在頭部區時，從月 K 線去觀察，除了第一，明顯走完艾略特的前面五個波段；第二，最大量月 K 線的低點被跌破；第三，月 KD 在 80 附近形成死亡交叉；第四，5 月 RSI 呈現背離等四個明顯的現象之外，若從日 K 線去觀察，則會有兩個明顯的現象，一是股價跌破上升趨勢線，二是會形成日 K 線做頭的形態。

最常見的日 K 線做頭形態有頭肩頂、M 頭以及島狀反轉。要瞭解頭肩頂與 M 頭，必須先知道股市中「頭」的意義。

當股價上漲至第五波末升段的某價位區時，屢次遭遇上檔賣壓的阻力，使上升的股價受挫而急速回跌，此一遭遇阻力無法向上突破的價位區，稱之為「頭」。它又指股價到頂的意思。

一、頭肩頂形態的做頭

此種形態的做頭，顧名思義，它有頭有肩，而以頭當頂部。它是經由下面四個步驟所形成的（參閱第 213 頁圖 9）：

（一）股價在多頭行情的末升段（第五波），出現了大成交量，接著回檔，而成交量明顯下降，於是形成了「左肩」。

（二）而後，股價從左肩的低點彈升，上升超越左肩的高

點，創另一高價，成交量跟著擴大（但不會大於左肩高點的成交量）。接著，股價又回檔至左肩低點附近，而成交量同時下降，於是形成「頭部」。

（三）然後，股價又從頭部的低點彈升，不過其彈升的高點，就在左肩之高點附近，而且其成交量均少於左肩高點與頭部高點，於是形成「右肩」。這時，左肩高點與右肩高點的股價會有對稱的現象。

（四）最後，股價從右肩的高點一直往下跌，跌破了左肩低點、頭部低點、右肩低點所連接之「頸線」，乃形成了「頭肩頂」的日 K 線圖。

二、M 頭形態的做頭

此種形態的做頭，顧名思義，其盤整做頭的形態有如英文字母的 M，它是經由下面兩個步驟所形成的（參閱圖 11）：

圖 11　M 頭

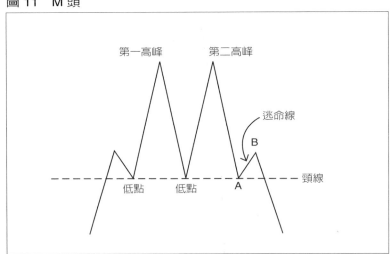

（一）股價在多頭行情的末升段裡，由於高檔出脫的賣壓，在出現大成交量後，開始迅速下滑，而成交量隨著萎縮，於是形成了第一高峰。

（二）接著，股價從第一高峰的低點彈升，上漲至第一高峰高點附近又遇賣壓，成交量隨著放大（但不會大於第一高峰高點的成交量）。然後，股價回跌，會跌到第一高峰的低點附近，於是形成了第二高峰。這兩個高峰就形成了 M 頭。

M 頭形態的做頭，有下列四點特色：

（一）M 頭的兩個高峰的高度相當，誰為主誰為次並不明確。但兩個峰頂的股價常有對稱的現象。

（二）第一高峰的成交量會大於第二高峰的成交量，這表示多頭買盤的力道逐漸衰竭。

（三）股價的跌幅必須跌過頸線價格 3% 以上時，M 頭才宣告成立，否則仍是盤局。

（四）M 形做頭常有逃命線。當股價從第二高峰的高點下跌，當跌到第一高峰的低點（即頸線附近）達 A 點時，通常 A 點會反彈至 B 點。此反彈一般稱之為逃命線，也是賣出手中持股的最後機會。否則，讓股價從 B 點一路下滑，就再也不見反彈了。

三、島狀反轉形態的做頭

此種形態的做頭，顧名思義，其盤整做頭的過程之中，日 K 線會塑造出一個有如孤島般的形態，它是經由下面四個步驟所形成的：

郭 語 錄

M 頭形態的做頭極為常見。

（一）股價在多頭行情的末升段，一路上漲，最後產生一面倒買進的現象，亦即急漲買進的跳空大漲，於是在日 K 線線圖上出現一個跳口，或稱之為多方的竭盡缺口。

（二）然後，股價不再上漲，形成狹幅震盪整理，期間有時十幾個交易日，有時達二十幾個交易日。

（三）最後，突然有一天，產生一面倒賣出的現象，亦即不計價賣出的跳空大跌，於是在日 K 線線圖上又出現一個缺口，或稱之為多方的逃命缺口。

（四）從日 K 線去看，從大漲的多方竭盡缺口與大跌的多方逃命缺口之間，形成了一個非常明顯的孤島，並完成了一個島狀反轉的做頭。

再舉台股 31 年來的實例來解說：

一、1990 年 2 月 12682 點的做頭，是非常明顯的島狀反轉形態的做頭，多方的竭盡缺口在 11509 點（1990 年 1 月 19 日）與 11586 點（1990 年 1 月 22 日），多方的逃命缺口在 11641 點（1990 年 2 月 24 日），與 11518 點（1990 年 2 月 26 日），其間孤島整理了 24 個交易日。

二、1997 年 8 月 10256 點的做頭，是非常明顯 M 形的做頭。此 M 頭的第一高峰高點在 10167 點（1997 年 8 月 4 日），第二高峰的高點在 10256 點（1997 年 8 月 27 日），第一高峰的低點在 9501 點（1997 年 8 月 14 日），第二高峰的低點在 9504 點（1997 年 9 月 1 日）。頸線位置在 9500 點，而 1997 年 9 月 2 日那根下跌 293 點的長黑 K 有效跌破頸線，M 頭宣告成立。

三、2007 年 10 月 9859 的做頭，是 M 頭兼島狀反轉的混合形態。

（一）M 頭：其第一高峰高點在 9783 點（2007 年 10 月 3 日），第二高峰高點在 9859 點（2007 年 10 月 30 日），第一高峰的低點在 9275 點（2007 年 10 月 22 日），第二高峰的低點在 9248 點（2007 年 11 月 2 日）。頸線位置在 9250 點左右，而 2007 年 11 月 8 日那根下跌 362 點長黑 K 有效跌破頸線，M 頭宣告成立。（參閱附錄的附圖 38）

（二）島狀反轉：多方的竭盡缺口在 9269 點（2007 年 9 月 26 日）與 9291 點（2007 年 9 月 27 日），多方的逃命缺口在 9300 點（2007 年 11 月 7 日）與 9105 點（2007 年 11 月 8 日），其間孤島整理了 30 個交易日。（參閱附錄的附圖 38）

四、2018 年 1 月 11270 的做頭，至 2 月底為止仍在進行之中，看起來是島狀反轉的形態。

89

其他頭部會出現的現象

當股價來到頭部區時，除了會出現前述的九個訊號之外，還會出現下列五個現象：

一、各類股輪漲完畢

在一段多頭行情中，股票必定會有輪漲的現象，通常或由某一產業率先上漲，然後雨露均霑輪流到其他產業；或由電子股領頭上漲，然後輪到產業股；或由產業股領頭上漲，然後輪到金融股；或由績優股帶領上漲，然後輪到投機股；或由權值股帶領上漲，然後輪到小型股等等，不一而足。

不管用什麼方式輪漲，只要所有股票都輪漲完畢時，就要抵達頭部區了。

二、由問題股當領頭羊

股價在走多頭行情的初升段與主升段時，投資人比較理性，都會挑選本質佳、業績好的優良股票。到了末升段，由於績優股漲幅已高，一些獲利差、形象壞的問題股，因股價便宜反而成為搶手貨，變成領頭羊帶領大盤上漲。

三、本益比呈現不合理的倍數

所謂本益比是指，每股市價與每股預估稅後純益之比，這是股市裡法人機構、大股東與穩健投資人重要的參考指標。

假設股價走到第五段的末升段，而當時的年利率假設為5％，合理的本益比應是 20 倍。而各股票飆漲，本益比若是達到 40 或 50 倍時，即屬不合理的倍數。

四、價量明顯出現背離

　　當股價上漲時，成交量隨著逐漸擴大，這表示換手積極，往上推升力道充足，後市仍有榮面可期。倘若股價繼續上漲，可是成交量反而縮小，這表示換手不夠積極，欠缺往上推升的力道，可能抵達頭部區了。

　　除了「股價上漲，成交量反而萎縮」是價量背離之外，「股價不漲或下跌，成交量劇增」也是明顯的價量背離。

五、股價飆漲，融資大增，融券銳減

　　股價在初升段與主升段時，融資餘額增加而股價上漲，這表示大戶與散戶都看好後市。

　　到了末升段之初，融資餘額繼續增加，而融券餘額也跟隨著增加，這表示多空在此激戰。

　　到了末升段之末，融資餘額會大幅增加，突破以往的紀錄，同時放空者紛紛轉空為多，因此融券餘額會銳減至前所未有的低點，整個股市形成一面倒總買進的現象，股價飆漲。

第十章

. . . .

頭部出場賣股策略

當頭部區出現之後，
就要運用倒金字塔操作法，
果斷地分批出清持股。

90

留一點給別人賺

賣股票時，記得留一點給別人賺」，這是台灣早期股市好手陳逢源生前的一句名言。

　　陳逢源曾任台北區儲蓄合會公司（即台北區中小企業銀行的前身）董事長，是業界公認的股市好手。他在 1973 年，台股走 7 年多頭行情（1966 年至 1973 年）時，於 1973 年 12 月最高 514 點之前出清所有股票，全身而退。不久，台股因石油大漲而暴跌，從 514 點跌到 1974 年 12 月的 188 點。

　　陳逢源由於在高檔出清持股，獲利豐厚，因此聲名大噪，常有人向他請教做股票的祕訣，他總是謙虛的說：「沒什麼啦！只要記得留一點給別人賺就行了。」

　　這句話的意思是說，在高點到來之前的高檔就應該賣出持股，留一點給別人賺吧！

　　「留一點給別人賺」，這句話乍聽之下不太像賣股的策略，倒有點像是為人處世的嘉言，就像勸人要厚道一點，「話不要說滿」，「路不要走絕」，「錢也不要賺光」，留一點給別人。可是話說回來，買賣股票純粹就是為了賺錢，還假惺惺談什麼厚道呢！

　　不過，投資人若細細琢磨一番，這句話在實際操作上很有

道理，茲說明如下：

一、容易賣出持股

我們先捫心自問：「為什麼要賣出股票呢？」當然是因為早先低檔買進，走了一段多頭，目前股價已高，想要獲利了結，落袋為安。好！我們再想想別人為麼要買進我們賣出的股票呢！當然跟我們一樣，也是想賺一點差價。

在這種情況下，若是股價太高，接手就會猶豫了。請想想看，我們都不要的股票，為什麼有人願意買去呢？當然是因為還有一點錢可賺之故。總之，在高檔時賣出，留一點給別人賺，才能順利出脫。

二、高檔好找，高點難抓

在一段多頭行情中，沒有人能準確抓到高點，可是卻有方法可以找到高檔。

本書第九章所列舉的頭部出現的 10 個訊號，包括：成交量暴增、月 K 線走完艾略特的前面五個波段、最大量月 K 線的低點被跌破、月 KD 在 80 附近形成死亡交叉、5 月 RSI 呈現背離、M1b 與 M2 形成死亡交叉、股價跌破上升趨勢線等等，都是在教投資人尋找到高檔區。

三、把風險丟給別人

高檔是頭部區，是在高點附近，但還不到高點。別人在高檔買進我們的股票，愈接近高點，風險就愈大。

舉例來說，我們在底部區以 20 元買進某支股票，我們預估會漲到 60 元的高點，可是我們在 50 元的高檔區就賣出了，留 10 元的差價給別人賺。接手者固然賺到 10 元的差價，但他同時

郭 語 錄

做股票見好就要收，留一點給別人賺。

也承擔了我們丟給他的風險，從另一個角度來說，倘若沒有 10
元的賺頭，接手者就不會冒我們丟給他的風險了。

在賣股票時，切記「貪就是貧」，留一點給別人賺吧！

91
利多消息出現時賣出

郭 語 錄

當處在頭部區、利多
消息出現時，必定是
賣出股票的大好時機。

投資人在投入股市，買進股票之後，自然而然就會留意網路報與報紙的消息，特別是網路報上股市投資版與報紙證券版上所刊登的各種消息。

投資人常看的網路報包括：中時電子報（www.chinatimes.com）的理財版與聯合新聞網（www.udn.com）的股市投資版等。至於投資人常看的報紙包括：《聯合晚報》、《工商時報》、《經濟日報》等。

上述的網路報與報紙會刊登各種經濟消息、產業動態、各上市上櫃公司利多與利空訊息、當天股價漲跌與成交量、融資融券餘額表、鉅額轉帳交易表、證券商熱門股進出表，以及專家對行情的剖析等等。其中投資人最關心的，除了專家的解盤之外，就是各上市上櫃公司的利多消息了。

這些利多消息包括：營收成長、公司獲利能力超出預期、營運出現重大轉機、公司產品漲價、接到大筆訂單、公司購併、產品熱賣、開發出新產品或新技術、即將處理資產、配股配息超過預期等等。

當這些利多消息見報時，股價通常會拉二至三根漲停版，這時，投資人應如何因應呢？

　　一、報紙通常不會無緣無故放出利多消息，這些利多消息有可能是大戶買通記者放出的。

　　二、投資人應思考目前股價所處的位置，若是在初升段與主升段見到利多消息之後數天，等股價漲完回來整理時再跟進。

　　三、若股價處在末升段，一定要趁利多消息見報時毅然賣出，切記！切記！

92
毅然決然分批賣出

股市的投資人在低檔買進股票之後，都希望可以賣到最高點，而這也是投資股票獲利的關鍵所在，可是賣到最高點幾乎是不可能的。比較可行的做法是：在頭部區毅然決然地分批賣出。

以往的經驗告訴我們，縱使大盤出現第九章所說的 10 個頭部區的訊號時，卻仍然不願意賣出持股，為何會如此呢？原因有二：

第一是因為捨不得。多頭行情走到第五波的末升段，因為大部分的投資人怎麼買怎麼賺，股市一片榮景，也是投資人最樂觀的階段，怎麼會捨得出脫持股呢？

第二是因為認為股價還會上漲。通常股價走到末升段，即使成交量不再擴大，但因為一面倒買進，股價在短期內不斷竄高，投資人為了賣到更高的價錢，往往一等再等，眼睜睜地喪失了一個在高檔獲利了結的良機。

要克服上述的心理障礙，就得採用分批賣出的方法。既然有明顯的十大訊號告訴我們此處就是頭部區，就應該毅然決然分批賣出，這個方法比較能克服貪婪，比較捨得賣出。

　　分批賣出還有另一個好處是，萬一賣出之後股價繼續上漲，投資人仍持續往上分批賣，經過多次分批賣出之後，股價平均下來亦是距離最高點不遠。

93

倒金字塔愈賣愈多

郭 語 錄

在股市裡面，投資人
有兩個天敵，一是恐
懼，二是貪婪，不論
是金字塔操作法還是
倒金字塔操作法，都
是用來對付後者。

當股價走到第五波末升段的頭部區時，除了要毅然決然分批賣出持股之外，還可以運用倒金字塔操作法，處理手中股票。

此法的基本原則很簡單，只有「愈賣愈多」四個字而已。當股價來到頭部區、並且出現第九章列舉的 10 個頭部區訊號時，投資人常常因為想賣到更高的價錢而捨不得賣出，結果賣不到好的價錢，甚至造成反賺為賠的慘狀（若在高檔買進，非常有此可能）。此時應謹記「愈賣愈多」的原則，分批賣出，那就對了。

股市裡流傳著一句話：不論做多或做空都能在股市裡賺到錢，唯有貪得無厭的人例外，而倒金字塔操作方法也是專門對付貪念而設計的一套方法（另一套是金字塔操作方法，參閱第29 節）。

舉個實例來說明倒金字塔操作方法。

假設某甲在底部區每股以 60 元買進鴻海 60 張，而後持股抱牢，經過了漫長的 3 年之後，股價經歷多頭行情的五波段來到頭部區，鴻海股價已從 60 漲到 120 元，這時某甲要如何運用倒金字塔操作法賣出股票呢？

　　很簡單，他在股價 120 元的時候賣出 10 張，當股價漲到
125 元時又賣出 20 張，當股價漲到 130 元時又賣出 30 張。（參
閱圖 12）

　　此種「愈賣愈多」的倒金字塔操作法，不但使投資人捨得
賣出股票，而且賣出的價錢，隨著數量的增加而提高，如此常
能獲得較大的利潤。

圖 12　倒金字塔操作法（愈賣愈多）

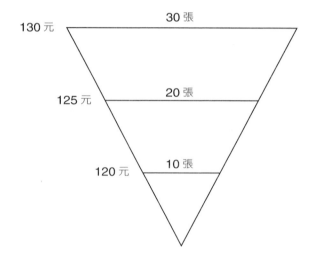

94
次高點賣出法

郭　語　錄

倘若賣不到最高點，
即使賣到次高點，也
是很棒的！

所謂次高點賣出法，顧名思義，乃是股價在多頭行情的尾聲做頭之時，不求賣到最高點，只求賣到次高點的操作方法。

投資股票就是為賺錢，如果能夠賣到最高點，那是最好不過了。然而在實際的股票買賣經驗中得知，不可能賣到最高點，所以才會有人研究出次高點賣出的方法。

那麼，次高點在那裡呢？這必須要從日 K 線做頭的頭肩頂、M 頭、島狀反轉等三種形態去尋找。

一、從頭肩頂日 K 線尋找次高點（參閱第 213 頁圖 10）

從頭肩頂的日 K 線圖中可知，頭部是最高點，而左肩高點與右肩高點都是次高點。但因形成左肩時，整個頭肩頂尚未成形，很難去研判左肩高點位置，因此當右肩高點出現時，整個頭肩頂成形，此處才是理想的次高點。

二、從 M 頭日 K 線尋找次高點（參閱圖 13）

從 M 頭日 K 線圖中可知，M 頭的兩個高峰 A 點與 B 點乃是兩個最高點，而 C 點與 D 點都是次高點。但因形成 C 點時，整個M頭尚未成形，很難去掌握，因此 D 點才是理想的次高點。

圖 13　從 M 頭日 K 線尋找次高點

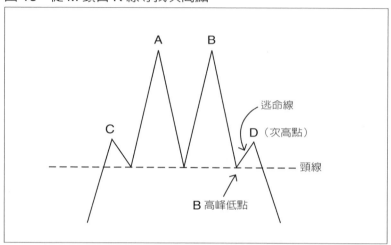

從 B 高峰的低點（即頸線處）到 D 點這一段稱之為逃命線。股價反彈至 D 點後再跌破頸線，即一瀉千里，再也見不到高點了。

三、從島狀反轉日 K 線尋找次高點（參閱附錄的附圖 38）

（一）島狀反轉的次高點比較不好抓，它應以多方竭盡缺口的上沿股價為次高點，當此點被多方的逃命缺口有效跌破時，就要賣出持股。

（二）以 1990 年 2 月 12682 點島狀反轉形態的做頭為例，多方竭盡缺口的上沿為 1990 年 1 月 22 日的 11586 點，此處即為次高點，當此點在 1990 年 2 月 26 日被多方逃命缺口 11518 點有效跌破時，次高點確立，馬上賣出持股。

（三）再以 2007 年 10 月 9859 點島狀反轉形態的做頭為例，多方竭盡缺口的上沿為 2007 年 9 月 27 日的 9337 點，此處即為

次高點，當此點在 2007 年 11 月 7 日被多方的逃命缺口 9300 點
有效跌破時，次高點便確立，馬上賣出持股。（參閱附錄的附圖
38）

　　股價賣在次高點最大的好處是，最高點已被日 K 線圖所確
立，頭部幾乎百分之百成立，聰明的投資人必有「此處不走，
更待何時」之心態，故不會有絲毫捨不得，並能果斷地出脫全
數股票。

郭 語 錄

我非常習慣在 M 頭中
尋找次高點來賣股票。

第十一章

必須學會放空

世界各國的股市都沒有永久的多頭行情，
也沒有永久的空頭行情，
股票漲多了自然會跌，跌多了自然會漲，
只有高明的投資人才懂得多空都做，
也就是做多與做空交叉靈活運用，
如此才能獲得最大的投資報酬率。

95

反手放空

所謂「放空」，就是做空。亦即投資人對股市遠景看壞，先向證券金融公司借出股票（即融券）賣出，等低價時再補回，從中賺取差價，此種行為稱之為放空。

在股價走完多頭行情的五波段之後，頭部明顯成形之後，再來就要走空頭行情的三波段（請參閱本書第 13、25 節），因此這個時候一定要反手做空。

台灣股市的投資人大部分是多頭，所以只會做多，不會做空。其實股市有多頭行情與空頭行情，在五波段的多頭行情中要做多，而在三波段的空頭行情中要做空，這乃天經地義的事。

還有，在空頭行情裡，放空的利潤亦頗為可觀，就舉台股 31 年來三次的空頭行情來說明：

一、台股第一次空頭行情是在 1990 年 2 月到 1990 年 10 月，大盤加權指數從 12682 點下跌到 2485 點，跌掉了八成股價，理論上在最高放空最低回補則有八成利潤。

二、台股第二次空頭行情是在 2000 年 2 月到 2001 年 9 月，大盤加權指數從 10393 點下跌到 3411 點，跌掉了六成七股價，理論上在最高放空最低回補則有六成七利潤。

三、台股第三次空頭行情是在 2007 年 10 月到 2008 年 11

月，大盤加權指數從 9859 點下跌到 3955 點，跌掉了近六成股價，理論上在最高放空最低回補則有六成利潤。

上述是大盤的情況，其實在三次的空頭行情中，股價跌掉九成者比比皆是，因此在空頭行情裡放空的利潤相當可觀。

台灣的投資人，除了不會做空之外，對做空的人也恨之入骨，視之如蛇蠍。在股市放空者，輕者遭白眼，重者被咒罵，其實此種視空頭為壞人的觀念是錯誤的，放眼望去，世界各國的股市都一樣，既沒有永久的多頭行情，也沒有永久的空頭行情，股票漲多了自然會跌，跌多了自然會漲，漲漲跌跌乃正常現象；而且，現在放空是空頭，將來回補時就變成多頭，所以根本談不上好壞或善惡之分。

一般而言，只有高明的投資人才懂得多空都做，也就是做多與做空交叉靈活運用，在多頭行情裡，做多；在空頭行情裡，做空。此種多空兼做的雙向思維，才能獲得最大的投資報酬率。

郭 語 錄

所謂「順勢操作」，就是在多頭行情時多做多、少做空，在空頭行情時多做空、少做多。

96

不做空會浪費時間成本

大多數的台灣投資人只會做多，不會做空。每逢空頭行情來到，就暫時離開股市，這麼做當然無可厚非，只可惜白白浪費了時間成本。

我們以台股第三循環為例，來說明不做空的投資人如何浪費了時間成本。

台股第三循環是從 2001 年 9 月的 3411 點起漲，多頭行情走五波到 2007 年 10 月的 9859 點結束；接著，空頭行情走 A、B、C 三波段，從 9859 點下跌到 2008 年 11 月的 3955 點，完成一個完整的八波段循環。

整個八波段的高低點如下：

一、第一波段是從 2001 年 9 月的 3411 點上漲到 2002 年 4 月的 6484 點。

二、第二波是從 2002 年 4 月的 6484 點回檔整理到 2002 年 10 月的 3845 點。

三、第三波是從 2002 年 10 月的 3845 點上漲到 2004 年 3 月的 7135 點。

四、第四波是從 2004 年 3 月的 7135 點回檔整理到 2004 年 8 月的 5255 點。

五、第五波是從 2004 年 8 月的 5255 點上漲到 2007 年 10 月的 9859 點。

六、第六波 (即 A 波) 是從 2007 年 10 月的 9859 點下跌到 2008 年 1 月的 7384 點。

七、第七波 (即反彈 B 波) 是從 2008 年 1 月的 7384 點，反彈整理到 2008 年 5 月的 9309 點。

八、第八波 (即殺 C 波) 是從 2008 年 5 月的 9309 點下殺到 2008 年 11 月的 3955 點。

理論上，從 2001 年 9 月點到 2007 年 10 月的 6 年 2 個月多頭行情中要做多；從 2007 年 10 月的 9859 點到 2008 年 11 月的 3955 點的 1 年 2 個月空頭行情中要放空。倘若在後者走空的 1 年 2 個月中放棄不做的話，就是浪費了寶貴的時間成本了。

97

模擬放空的實際過程

放空股票其實就是賣出你手中沒有的股票。換言之，當你判斷某支股票即將下跌，而你手中卻無此公司的股票，於是你向券商開立「股票信用交易戶」；向券商借出預計賣出的股票進行放空，此一行為又稱為「融券賣出」。

若干股市高手懂得多空兩頭賺，即做多與做空交叉靈活運用，以提高投資報酬率。他們在多頭行情裡，多做多，少做空；在空頭行情裡，多做空，少做多。

舉例來說，在 2013 年的 2 月，全世界智慧手機的市場競爭白熱化，整個市場幾乎被蘋果與三星所瓜分，你看壞這個產業，於是你想放空智慧手機大廠 2498 宏達電，並且密切注意它的走勢：

一、你發現它的股價從 2011 年 4 月的 1300 元一路下殺九個月到 403 元之後，在 2012 年 2 月反彈至 672 元，又連續下殺六個月，然後在 2012 年 8 月至 2013 年 1 月的半年間股價在 325 至 191 間做平台整理。

二、於是你從 2013 年 2 月開始，每逢股價接近 300 元時就放空。

三、到了 2013 年 7 月股價跌破 200 元來到 160 左右，趕緊

回補。即使回補的平均價在 180 元，你仍有 120 元的利潤。

四、短短半年內，放空一張宏達電就有 12 萬元，10 張就是 120 萬元，不過你必須避開股東會強迫回補的時間，還須扣除借券費（大約 0.05% 左右）、手續費以及交易稅。

五、若是一路放長空，幾年下來，到了 2017 年股價跌至 70 元左右，利潤更是驚人。但每年舉辦股東會及辦理除權息前，融券必須強制回補，所以融券無法一路放長空。

在這先賣後買的放空過程中，有兩件事你必須知道：

一、券商為了預防投資人在融券賣出之後捲款潛逃，不履行歸還股票的義務，因此你向券商融券賣出之後，賣股票所得到的錢是由券商幫你保管，等到你融券買進取回股票還給券商之後，才能拿到錢。

二、當你融券賣出時，你必須準備你所賣出股票的總金額的九成做為「融券保證金」。這是為了預防投資人在放空之後，股價不跌反漲，而投資人無力償還股票之情況下毀約所訂立的「融券保證金」。

98

放空操作的難度大於做多

首先投資人必須要知道，在台股做多的勝算大於放空，因為多頭行情的時間總是比空頭行情的時間長。從長期觀察，空頭時間大約只有多頭的三分之一強，故勝算低，難度高。

我們計算一下台股走多與走空的時間。

一、台股第一次循環走了 38 個月多頭，9 個月空頭。

二、台股第二次循環走了 83 個月多頭，50 個月空頭。

三、台股第三次循環走了 74 個月多頭，14 個月空頭。

四、台股第四次循環已走 111 個月多頭（因尚未走完，故不列入統計）。

綜合台股第一、第二、第三次的循環，多頭走了 195 個月，空頭則是走了 73 個月，後者只有前者三分之一強，當然做多贏面大，做空勝算低。

其次，股市有多頭行情漲得慢，空頭行情跌得快的特性，不但跌得快，而且跌得非常快。此一快速下跌的現象，使投資人不易掌握到一個準確的空頭行情，常造成放空後股價上漲（譬如放在 B 逃命波），補回後追高，股價卻下跌（殺 C 波），弄得兩邊挨耳光。

第三，做多的地位高於放空地位。

台股一千多支股票中，能在平盤以下放空者，僅限於台灣 50 成分股與中型 100 成分股這 150 支股票能在平盤以下放空。

可是，一旦股市陷入低迷，政府為了挽救股市，立刻限定所有股票平盤以下不得放空，甚至全面禁止放空，此時空方立刻處在不利的地位。

99

放空者必須當心被軋的風險

軋就是軋空，空頭賣出股票後，股價非但不跌反而一路上漲，空頭害怕，趕緊補回賣出的股票，反空為多，此種情況稱之為「軋空」。

一、倍數損失

舉例來說，若以 50 元融資買進某支股票，而股票慘跌，頂多損失 50 元；若以 50 元融券放空，漲至 150 元時，損失 100 元。換言之，放空者若不幸被軋空時，其虧損可能是放空金額的數倍，非常可怕，不可不知。

二、精神折磨

融券放空之後，萬一股價不跌反漲，一路飆漲的話，理論上漲幅是無限的，故精神折磨非常大。有鑑於此，有經驗的放空者，在放空的同時必定嚴設停損，以減輕承受之壓力。

三、小心誘空

當股價明顯走完五波多頭行情，轉為空頭行情時，若干基本面差或線形不佳的股票就成為投資人放空的標的，這時要小心千萬別落入作手誘空的圈套之中。

通常作手會挑選股本在 10 億以下、業績很差（讓空頭無戒

心）、線形很差（引誘空方上當）的股票，在下跌過程中籌碼會逐漸落入作手手中。在下跌之後的反彈初期，融券數量會慢慢增加，隨著作手的拉抬，會引來看不順眼的空頭加碼放空。

作手為了養空，會故意讓股價下跌，讓空頭嚐到甜頭而不斷加碼。作手會很有耐心持續養空，一直到空單的數量達放空比 3% 以上時，有一天這支股票的融資會大減，造成資券嚴重失衡，逼迫空方必須標借的情況，而後連續幾天一開盤就漲停，讓空方回補無門，演出漂亮的軋空，這就是作手誘空的過程。

100

放空是一門大學問

我要用第 114 頁的圖 5 與 115 頁的 5-1 來說明「放空」這一門大學問。

從圖 5 可知，在多頭行情的五個波段中，第一波段（初升段）、第三波段（主升段）、第五波段（末升段）是上升走勢，而第二波段與第四波段是回檔整理。在空頭行情的三個波段中，第六波段（初跌段，又叫 A 波）、第八波段（主跌段，又叫 C 波）是下跌走勢，而第七波段（又叫 B 波）是反彈整理。

同樣是艾略特八波段的完整走勢圖，我們把每個波段的名稱都拿掉，並在各個波段的高低點位置標上 *a*、*b*、*c*、*d*、*e*、*f*、*g*、*h*、*i*，如圖 5-1。

對照圖 5 與圖 5-1，我們發現有 *d*、*f*、*h* 三個點可以賣。

一、*f* 是最佳賣點。*f* 是第五波段的最高點，此波多頭行情的最高點，亦即頭部，當然是最佳賣點。

二、*d* 雖然不是最佳賣點，卻是最穩當的賣點，理由是：萬一多頭行情沒走五波段，僅走三波段的話，*d* 就變成最高點了。因此，*d* 才是最穩當的賣點。

三、*h* 才是最佳空點，亦即到此處才可以放空。*f* 雖是最佳賣點，因還有反彈 B 波，空在 *f* 點的話，有可能被反彈傷到。

當股價走到 B 波反彈的高點 h 時，空頭行情確立，故 h 才是最佳空點，切記！切記！

四、d 與 f 都是用來賣股票，只有 h 才是用來空股票的。

再用台股大盤實例來說明。

一、台股大盤第四次的循環，從 2008 年 11 月的 3955 點起漲，到 2018 年 1 月的 11270 點為止，很明顯走完了五波，而且多頭行情循環的時間長達 9 年 3 個月，而且三次循環的多頭行情分別是：3 年 2 個月、6 年 11 個月、6 年 3 個月。從時間波（超過費氏 89 個月）與空間波（超過 10393，接近 12682）去推算，此處是第四個循環頭部的機率很高。

二、若 11270 點是頭部的話，一定會有 ABC 三波的下跌，頭部只能賣股不能空股票，要等到 A 波下跌結束，B 波反彈的高點才是最佳的放空點。

三、換言之，11270 點是英文字母中的 f，只能賣不能空，要等到 B 波高點 h 出現才是最佳空點。

四、至於我們看到的月 KD 在 80 附近死亡交叉、股價跌破上升趨勢線、5 月 RSI 背離、股價走完月 K 現艾略特的多頭五波、股價破年線等等，都只是在告訴我們：上檔有重壓，正在築頭而已。這時你若毛毛躁躁打空單的話，很容易在 B 波反彈中被修理。

郭　語　錄

切記，h 點才是最佳空點。

跋
定價 600 元的廉價書

24年來，寫了 33 本書，從來沒有一本像這次一樣，要不要出版，內心充滿了猶豫與掙扎。

我的猶豫與掙扎並非擔心沒把書寫好，而是認為自己 22 年來苦心研究頓悟出來的寶貴心得，有必要用 600 元的廉價賤賣出去嗎？

雖然我堅信這本書的價值一定是 600 元的一百倍、一千倍，甚至一萬倍，可是一般的讀者能體會出來，珍惜它的價值嗎？

經過與遠流出版三次冗長會議後，決定還是要出版，理由是要把理財這塊領域補滿了。在企管書的寫作領域裡，我一共有傳記、企劃、推銷、理財等四大塊，前三者分別以《王永慶的人生智慧》、《企劃案》、《鼓舞》為代表作，而理財方面，雖然曾經寫了《股市實戰 100 問》、《股票操作 100 訣》、《台股指數期貨 100 問》、《外匯入門 100 問》等書 , 但以本書《逮到底部，大膽進場》才堪稱是集大成的代表作。它是里程碑，所以要出版。

在討論會議中，我曾提議定價 1,000 元，但遠流出版以店銷書無此行情而作罷，但我仍堅持定價不得低於 600 元。我的理

由很簡單，因為：它有 600 元的價值，一般讀者在買慣一本 300 元以下的書，會嫌它太貴了。其實 600 元是太便宜了，因為它價值 6 萬元、60 萬元、甚至 600 萬元，所以，它是一本定價 600 元的廉價書。

郭泰

2009 年 7 月於加拿大溫哥華野木巷

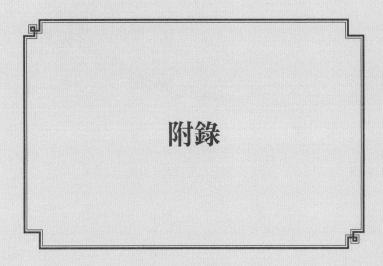

附錄

附圖 1　3411 點到 3955 點八波段完整走勢

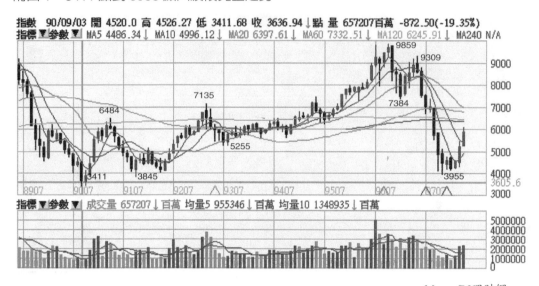

MoneyDJ理財網

附圖 2　12682 點下跌到 2485 點成交量大幅萎縮

MoneyDJ理財網

附圖 3　10393 點下跌到 3411 點成交量大幅萎縮

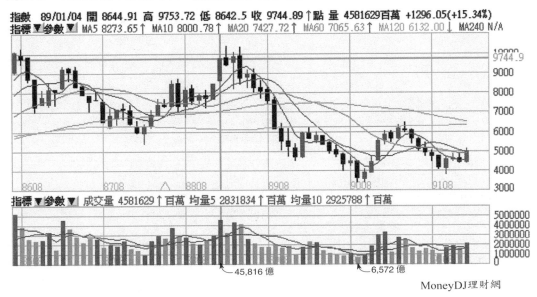

45,816 億
6,572 億

MoneyDJ理財網

附圖 4　9859 點下跌到 3955 點成交量大幅萎縮

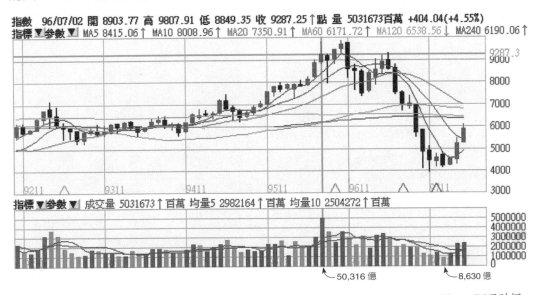

50,316 億
8,630 億

MoneyDJ理財網

附圖 5　走完八波段之後出現的紅 K 線

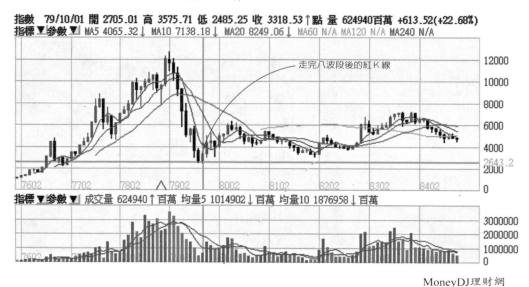

MoneyDJ理財網

附圖 6　走完八波段之後出現的紅 K 線

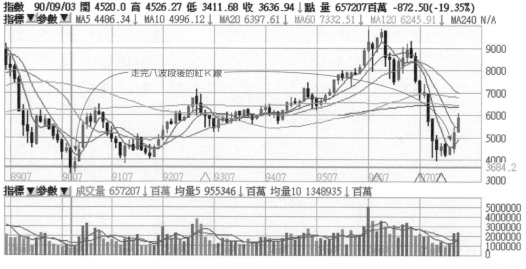

MoneyDJ理財網

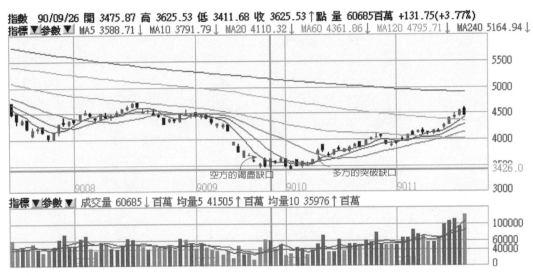

附圖7　3411點島狀反轉的打底

指數　90/09/26 開 3475.87 高 3625.53 低 3411.68 收 3625.53↑點 量 60685百萬 +131.75(+3.77%)
指標▼ 參數▼ MA5 3588.71↓ MA10 3791.79↓ MA20 4110.32↓ MA60 4361.86↓ MA120 4795.71↓ MA240 5164.94↓

空方的竭盡缺口　　　　　多方的突破缺口

指標▼ 參數▼ 成交量 60685↓百萬 均量5 41505↑百萬 均量10 35976↑百萬

MoneyDJ理財網

附圖8　3955點頭肩底的打底

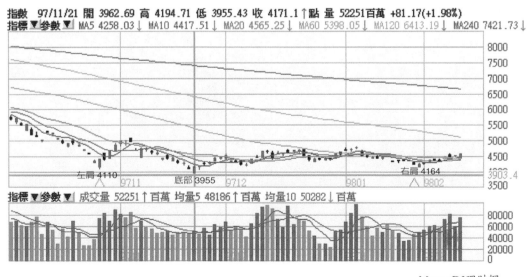

指數　97/11/21 開 3962.69 高 4194.71 低 3955.43 收 4171.1↑點 量 52251百萬 +81.17(+1.98%)
指標▼ 參數▼ MA5 4258.03↓ MA10 4417.51↓ MA20 4565.25↓ MA60 5398.05↓ MA120 6413.19↓ MA240 7421.73↓

左肩 4110　　　　底部 3955　　　　　　　　　　右肩 4164

指標▼ 參數▼ 成交量 52251↑百萬 均量5 48186↑百萬 均量10 50282↓百萬

MoneyDJ理財網

附圖 9　台股的第一個循環

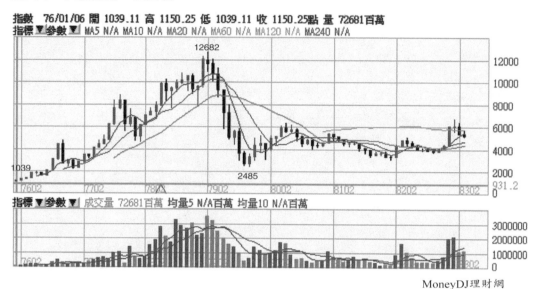

指數　76/01/06 開 1039.11 高 1150.25 低 1039.11 收 1150.25點 量 72681百萬
指標▼ 參數▼ MA5 N/A MA10 N/A MA20 N/A MA60 N/A MA120 N/A MA240 N/A

指標▼ 參數▼ 成交量 72681百萬 均量5 N/A百萬 均量10 N/A百萬

MoneyDJ理財網

附圖 10　台股的第二個循環

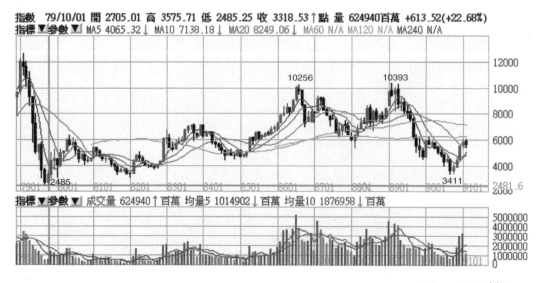

指數　79/10/01 開 2705.01 高 3575.71 低 2485.25 收 3318.53↑點 量 624940百萬 +613.52(+22.68%)
指標▼ 參數▼ MA5 4065.32↓ MA10 7138.18↓ MA20 8249.06↓ MA60 N/A MA120 N/A MA240 N/A

指標▼ 參數▼ 成交量 624940↑百萬 均量5 1014902↓百萬 均量10 1876958↓百萬

MoneyDJ理財網

附圖 11　台股的第三個循環

指數　90/09/03 開 4520.0 高 4526.27 低 3411.68 收 3636.94 ↓點 量 657207百萬 -872.50(-19.35%)
指標▼參數▼ MA5 4486.34↓ MA10 4996.12↓ MA20 6397.61↓ MA60 7332.51↓ MA120 6245.91↓ MA240 N/A

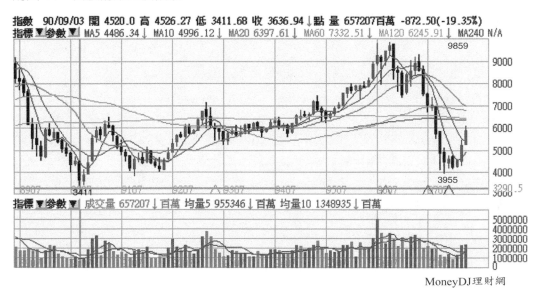

MoneyDJ理財網

附圖 12　2241 點的次低點

指數　76/12/01 開 2952.51 高 2991.78 低 2241.25 收 2339.86 ↓點 量 219660百萬 -612.65(-20.75%)
指標▼參數▼ MA5 3109.79↑ MA10 2434.32↑ MA20 N/A MA60 N/A MA120 N/A MA240 N/A

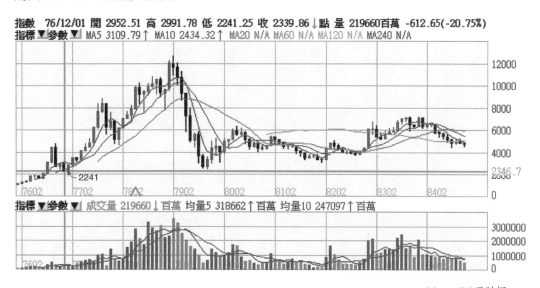

MoneyDJ理財網

附圖 13　3098 點的次低點

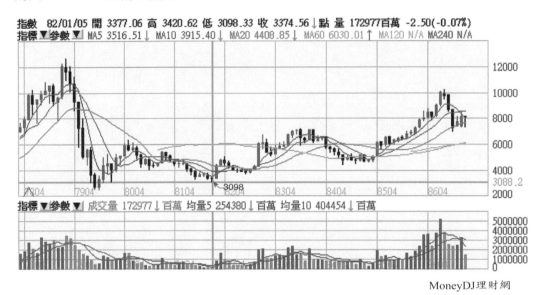

MoneyDJ理財網

附圖 14　3845 點的次低點

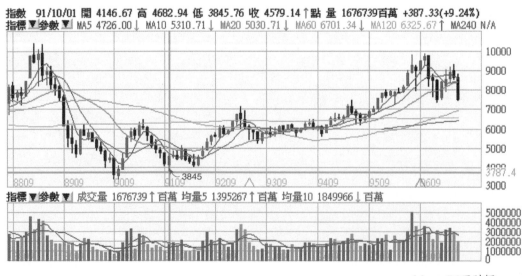

MoneyDJ理財網

附圖 15　原始下降趨勢線與修正下降趨勢線

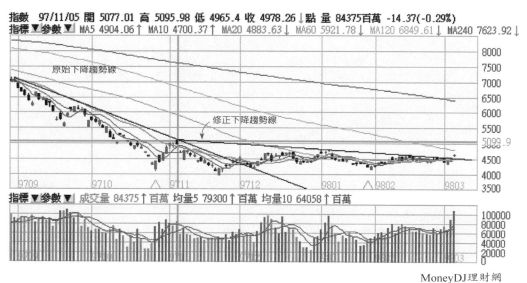

MoneyDJ理財網

附圖 16　原始上升趨勢線與修正上升趨勢線

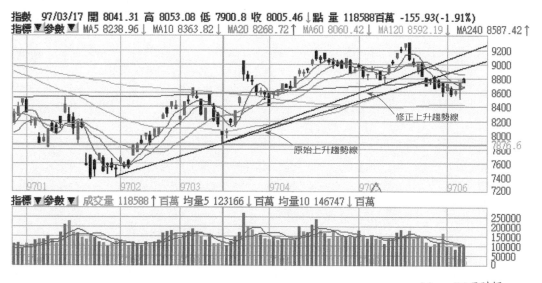

MoneyDJ理財網

附圖 17　扇形理論中的三條下降趨勢線

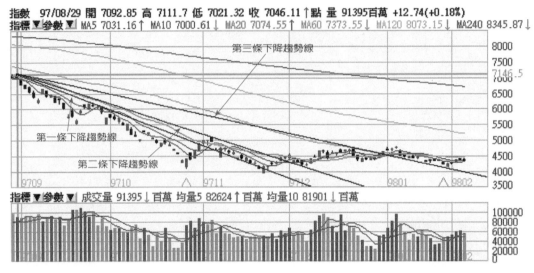

指數　97/08/29 開 7092.85 高 7111.7 低 7021.32 收 7046.11 ↑點 量 91395百萬 +12.74(+0.18%)
指標 ▼ 參數 ▼ MA5 7031.16↑ MA10 7000.61↓ MA20 7074.55↑ MA60 7373.55↓ MA120 8073.15↓ MA240 8345.87↓

MoneyDJ理財網

附圖 18　多頭行情移動平均線的排列狀態

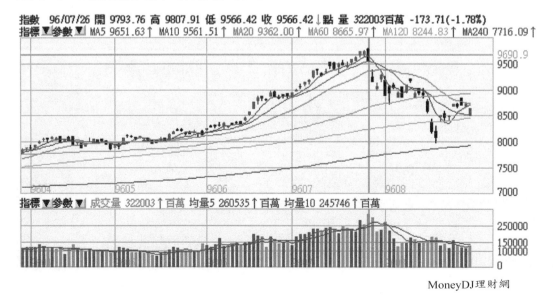

指數　96/07/26 開 9793.76 高 9807.91 低 9566.42 收 9566.42↓點 量 322003百萬 -173.71(-1.78%)
指標 ▼ 參數 ▼ MA5 9651.63↑ MA10 9561.51↑ MA20 9362.00↑ MA60 8665.97↑ MA120 8244.83↑ MA240 7716.09↑

MoneyDJ理財網

附圖 19　空頭行情移動平均線的排列狀態

指數　97/11/21 開 3962.69 高 4194.71 低 3955.43 收 4171.1↑點 量 52251百萬 +81.17(+1.98%)
指標▼ 參數▼ MA5 4258.03↓ MA10 4417.51↓ MA20 4565.25↓ MA60 5398.05↓ MA120 6413.19↓ MA240 7421.73↓

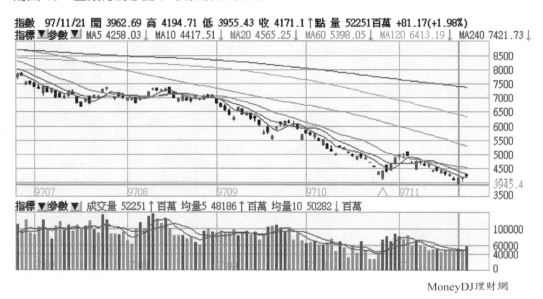

MoneyDJ理財網

附圖 20　大盤加權股價指數與成交量的關係

指數　90/09/03 開 4520.0 高 4526.27 低 3411.68 收 3636.94↓點 量 657207百萬 -872.50(-19.35%)
指標▼ 參數▼ MA5 4486.34↓ MA10 4996.12↓ MA20 6397.61↓ MA60 7332.51↓ MA120 6245.91↓ MA240 N/A

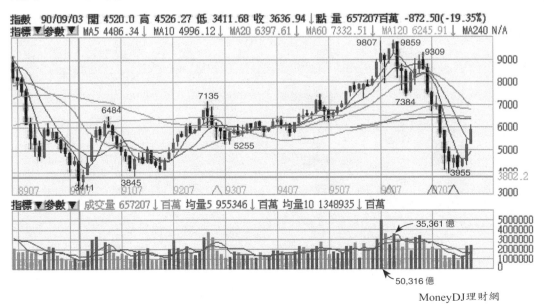

MoneyDJ理財網

附圖 21　日 K 線的打底盤局整理

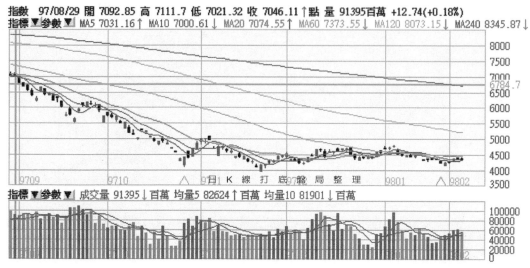

指數　97/08/29 開 7092.85 高 7111.7 低 7021.32 收 7046.11↑點 量 91395百萬 +12.74(+0.18%)
指標▼參數▼ MA5 7031.16↑ MA10 7000.61↓ MA20 7074.55↑ MA60 7373.55↓ MA120 8073.15↓ MA240 8345.87↓

指標▼參數▼ 成交量 91395↓百萬 均量5 82624↑百萬 均量10 81901↓百萬

MoneyDJ理財網

附圖 22　12682 點的成交量暴增

指數　79/02/01 開 12030.67 高 12682.41 低 10995.78 收 11661.73↓點 量 3524577百萬 -392.62(-3.26%)
指標▼參數▼ MA5 10668.98↑ MA10 10199.17↑ MA20 8548.39↑ MA60 N/A MA120 N/A MA240 N/A

指標▼參數▼ 成交量 3524577↑百萬 均量5 2774209↑百萬 均量10 2678149↑百萬

23,439 億　　35,245 億

MoneyDJ理財網

附圖 23　10256 點的成交量暴增

指數　86/07/02 開 9094.27 高 10113.57 低 8988.13 收 10066.35↑點 量 5197205百萬 +1036.07(+11.47%)
指標▼ 參數▼ MA5 8749.92↑ MA10 7909.44↑ MA20 6822.96↑ MA60 5705.38↑ MA120 5841.56↑ MA240 N/A

指標▼ 參數▼ 成交量 5197205↑百萬 均量5 3750843↑百萬 均量10 2698543↑百萬

MoneyDJ理財網

附圖 24　9859 點的成交量暴增

指數　96/07/02 開 8903.77 高 9807.91 低 8849.35 收 9287.25↑點 量 5031673百萬 +404.04(+4.55%)
指標▼ 參數▼ MA5 8415.06↑ MA10 8008.96↑ MA20 7350.91↑ MA60 6171.72↑ MA120 6538.56↓ MA240 6190.06↑

指標▼ 參數▼ 成交量 5031673↑百萬 均量5 2982164↑百萬 均量10 2504272↑百萬

MoneyDJ理財網

附圖 25　1039 點到 12682 點的五波段

指數　76/01/06 開 1039.11 高 1150.25 低 1039.11 收 1150.25點 量 72681百萬
指標 ▼ 參數 ▼ MA5 N/A MA10 N/A MA20 N/A MA60 N/A MA120 N/A MA240 N/A

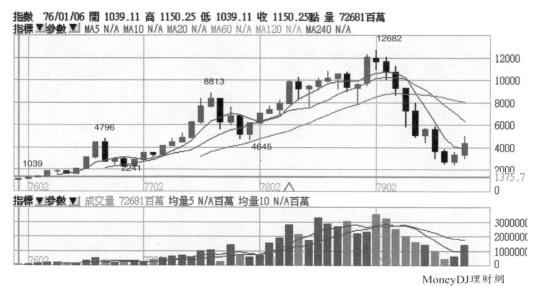

MoneyDJ理財網

附圖 26　2485 點到 10256 點的五波段

指數　79/10/01 開 2705.01 高 3575.71 低 2485.25 收 3318.53↑點 量 624940百萬 +613.52(+22.68%)
指標 ▼ 參數 ▼ MA5 4065.32↓ MA10 7138.18↓ MA20 8249.06↓ MA60 N/A MA120 N/A MA240 N/A

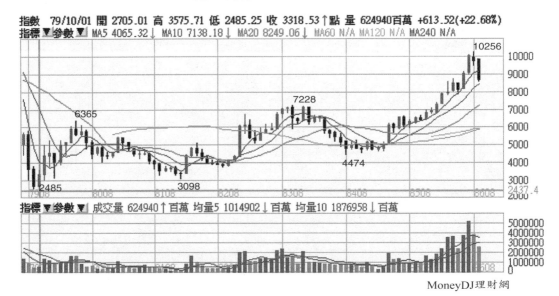

MoneyDJ理財網

附圖 27　3411 點到 9859 點的五波段

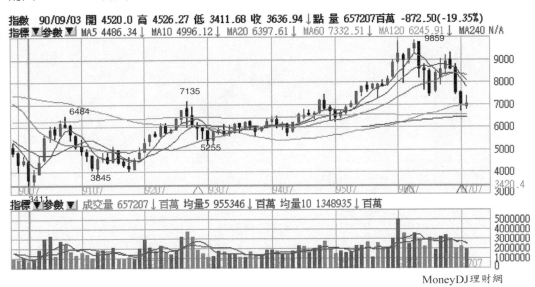

指數　90/09/03 開 4520.0 高 4526.27 低 3411.68 收 3636.94 ↓點 量 657207百萬 -872.50(-19.35%)
指標▼ 參數▼ MA5 4486.34 ↓ MA10 4996.12 ↓ MA20 6397.61 ↓ MA60 7332.51 ↓ MA120 6245.91 ↓ MA240 N/A

指標▼ 參數▼ 成交量 657207 ↓ 百萬 均量5 955346 ↓ 百萬 均量10 1348935 ↓ 百萬

MoneyDJ理財網

附圖 28　3955 點到 11270 點的五波段

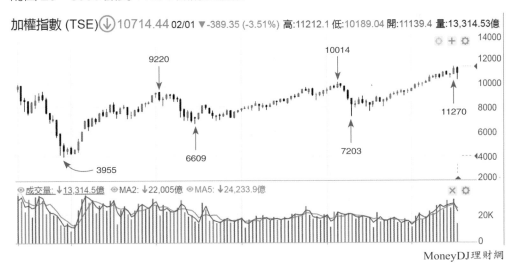

加權指數 (TSE) ↓10714.44 02/01 ▼-389.35 (-3.51%) 高:11212.1 低:10189.04 開:11139.4 量:13,314.53億

成交量: ↓13,314.5億　MA2: ↓22,005億　MA5: ↓24,233.9億

MoneyDJ理財網

附圖 29　最大量月 K 線的低點 10995 點

MoneyDJ理財網

附圖 30　最大量月 K 線的低點 8988 點

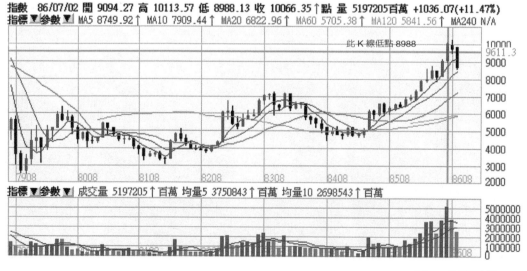

MoneyDJ理財網

附圖 31　最大量月 K 線的低點 8849 點

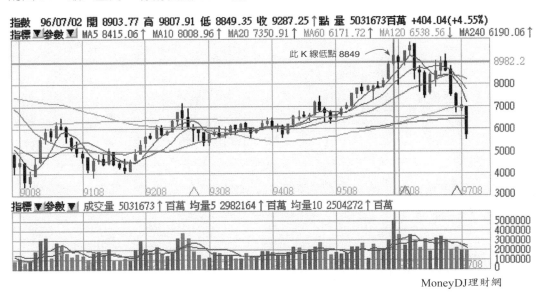

MoneyDJ理財網

附圖 32　最大量月 K 線的低點 10650 點

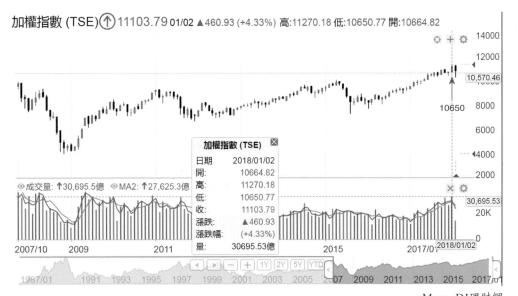

MoneyDJ理財網

附圖 33　12054 點 5 月 RSI 背離

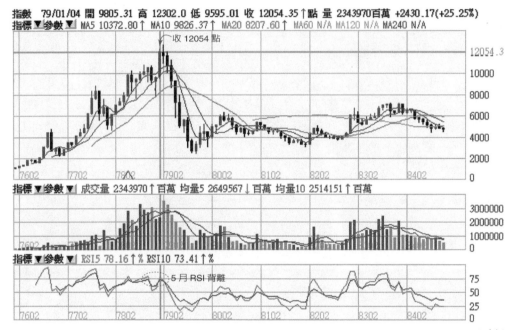

指數　79/01/04 開 9805.31 高 12302.0 低 9595.01 收 12054.35↑點 量 2343970百萬 +2430.17(+25.25%)
指標▼參數▼ MA5 10372.80↑ MA10 9826.37↑ MA20 8207.60↑ MA60 N/A MA120 N/A MA240 N/A

指標▼參數▼ 成交量 2343970↑百萬 均量5 2649567↓百萬 均量10 2514151↑百萬

指標▼參數▼ RSI5 78.16↑% RSI10 73.41↑%

MoneyDJ理財網

附圖 34　10066 點 5 月 RSI 背離

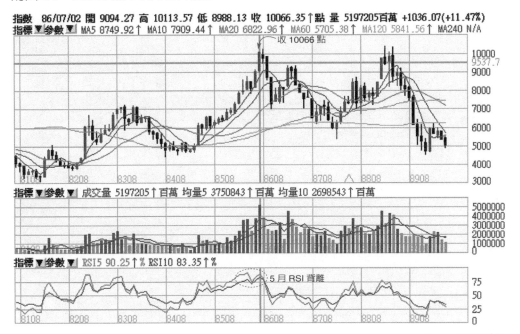

指數　86/07/02 開 9094.27 高 10113.57 低 8988.13 收 10066.35↑點 量 5197205百萬 +1036.07(+11.47%)
指標▼ 參數▼ MA5 8749.92↑ MA10 7909.44↑ MA20 6822.96↑ MA60 5705.38↑ MA120 5841.56↑ MA240 N/A

收 10066 點

指標▼ 參數▼ 成交量 5197205↑百萬 均量5 3750843↑百萬 均量10 2698543↑百萬

指標▼ 參數▼ RSI5 90.25↑% RSI10 83.35↑%

5 月 RSI 背離

MoneyDJ理財網

附圖 35　9711 點 5 月 RSI 背離

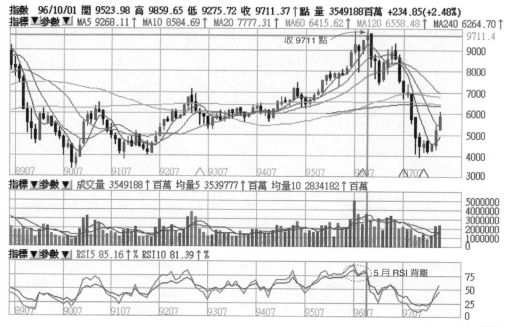

MoneyDJ理財網

附圖 36　10793 點 5 月 RSI 背離

附圖 37　9854 點 5 月 RSI 背離

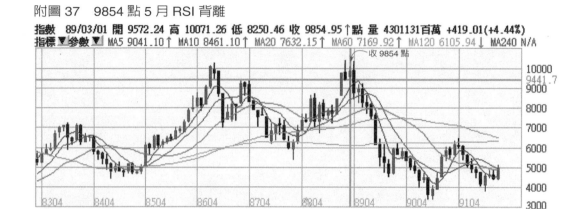

附圖 38　9859 點的 M 頭兼島狀反轉的做頭形態

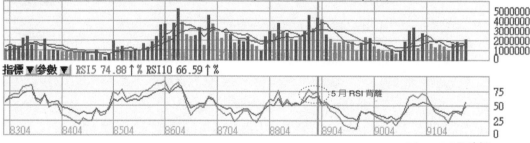

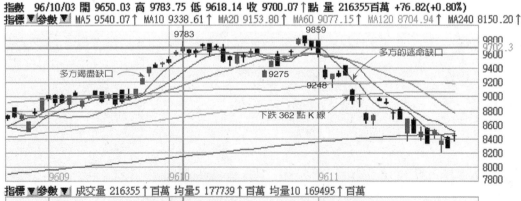